Maria Brunner

Ich bin dann mal Ich

WIR FÜHLTEN UNS SICHER.
WIR FÜHLTEN UNS BEHÜTET.
WIR FÜHLTEN UNS GELIEBT.

ZU WELCHEM PREIS?

Maria Brunner

Ich bin dann mal Ich
Die Freiheit zu sich selbst zu stehen

Die Deutsche Bibliothek verzeichnet diese Publikation in der Deutschen Nationalbibliographie; detaillierte bibliografische Daten sind im Internet abrufbar über: www.dnb.de.

Maria Brunner
Ich bin dann mal Ich
Die Freiheit zu sich selbst zu stehen
1. Auflage 2014
© Grasmück Verlag
63674 Altenstadt

Umschlaggestaltung: Christine Lanzendörfer
unter Verwendung: shutterstock.com©Maridav
Lektorat: Ursula Gast
Satz :   Constanze Grasmück
Druck: Finidr, s.r.o., Czech Republic

Bitte besuchen Sie uns im Internet unter: www.grasmueck-verlag.de

ISBN 978-3-931723-49-1

Inhalt

Anmerkung: Wie schon von Beginn an habe ich auch diesmal das persönliche »du« als Anrede gewählt, da ich denke, dass wir auf unpersönlicher Ebene alle denselben Weg gehen.

Deshalb bezieht sich die Anrede »du« nicht auf die Person (Personen werden sich immer fremd bleiben), sondern auf die *Seele,* die uns alle miteinander verbindet.

Prolog

Die Nacht war lang und kalt, das Lagerfeuer schon vor Stunden erloschen. Sein Körper fühlte sich taub an, seine Kleider feucht, sein Herz schwer. Ihn fröstelte. Was war geschehen? Wie lange hatte er geschlafen? Wo war er? Sein Geist war umnebelt, eingehüllt in Schleier aus Dunkelheit. Er versuchte angestrengt, sich zu erinnern, die Verwirrung und das Chaos in seinem Kopf zu ordnen. Den Kopf tief in den Händen vergraben, suchte er nach dem einen entscheidenden Puzzleteil, das diesem Rätsel einen Sinn verleiht.

Schwer zu sagen, wie lange er so dasaß, vielleicht einige Minuten, vielleicht viele Stunden. Mit einem Mal jedoch durchfuhr ihn plötzlich die Erinnerung wie ein Blitz und die Ereignisse der vergangenen Tage zogen noch einmal mit aller Heftigkeit an seinem inneren Auge vorüber. Er spürte plötzlich wieder den Schmerz der Peitschenhiebe, roch plötzlich erneut die stickige, abgestandene Luft seiner Zelle und fühlte plötzlich wieder diese unbarmherzigen, alles durchdringenden Blicke seiner Aufseher, welche tagein, tagaus tonnenschwer auf seinem Rücken lasteten. Seine Erinnerung war zurück. Er war entkommen. Ausgebrochen. Geflohen. Über Mauern und Stacheldraht, über Wiesen und Felder, durch Morast und Schlamm, durch Dickicht und Gestrüpp. Und jetzt war er hier: in der Mitte der hoch gelegenen Waldlichtung, auf der er gestern Abend völlig erschöpft und entkräftet sein Nachtlager aufgeschlagen hatte. Hier saß er nun, mutterseelenallein und frierend, umgeben von nichts als der ungewohnten Stille und Einsamkeit der Freiheit. Wo waren die anderen? Waren sie ihm nicht gefolgt? Hatten sie nicht gesagt, sie würden dicht hinter ihm bleiben? Hatten sie nicht gesagt, sie wollten mit ihm in die Freiheit flüchten? Doch, genau das hatten sie gesagt und trotzdem spürte er, dass er alleine war. Sie waren ihm nicht gefolgt. Ihre Angst ließ es nicht zu.

Doch er machte ihnen keinen Vorwurf. Das alles, diese ganze Situation, dieses ganze Unterfangen kam ihm im Nachhinein wahnwitzig vor, absurd, ja geradewegs selbstmörderisch. Je mehr er darüber nachdachte, umso mehr wunderte er sich, wie ihm seine Flucht überhaupt gelingen konnte. Die Mauern und Wachttürme waren schließlich zu jeder Tages- und Nachtzeit voll besetzt! Die Augen der Wächter schliefen nie! Und trotzdem: Er hatte es geschafft, er war am Leben. War sein Entkommen Zufall? War es Glück? Oder vielleicht Schicksal? Eine neue Kälte durchfuhr ihn. Zitternd tastete er im Halbdunkel der aufziehenden Dämmerung nach seinem Mantel. Doch statt des Mantels erfasste seine Hand etwas Unbekanntes, etwas Hartes, etwas Metallisches. Eine Eisenstange? Eine Taschenlampe? Eine Sichel? Ein Messer?

Die Sonne ging auf. Blutrot erhob sich die brennende Scheibe über die Zinnen der fernen Berge und schickte ihren ersten Lichtstrahl nach Westen – und traf wie durch eine höhere Macht präzise vermessen genau die Stelle seines abgeschiedenen Nachtlagers. Das grelle Licht schmerzte seine Augen. Seine Augen, die so lange in der Dunkelheit gelebt hatten und die so lange kein Tageslicht mehr gesehen hatten. Doch die Schatten in seinem Blick wichen. Er blinzelte. Und mit einem Mal sah er, was da neben ihm auf der kalten Erde lag: ein Schwert! Woher kam es? Wer hatte es dorthin gelegt? Er wusste es nicht. Doch in seinem Herzen spürte er plötzlich so etwas wie eine intuitive Gewissheit. In dieser Gewissheit fielen alle Verwirrung, alles Chaos und alle Angst mit einem Schlag von ihm ab. Er wusste: Er war jetzt ein Krieger. Ein Berufener. Und dies war sein erster Morgen in Freiheit.

Er packte sein Schwert.

Einleitung/Der Krieger erwacht

Greife daher diese Räuber, diese Begierden, an, Arjuna[1] , o zärtlicher Freund und größter aller Krieger. Erobere deine Sinne, deinen Geist und deinen Intellekt zurück, und gebrauche sie zu göttlichen Zwecken. Wenn du die Begierde tötest, wird der helle Glanz des Atman[2] erstrahlen.

Bhagavadgita 3.41

Heute Morgen spielten sie im Radio den Song *Die Reklamation* von »Wir sind Helden«. Seither gehen mir die Melodie und insbesondere zwei Textzeilen nicht mehr aus dem Kopf: »Ich tausch` nicht mehr, ich will mein Leben zurück!« und »Ich gebe zu, ich war am Anfang entzückt, aber euer Leben zwickt und drückt – nur dann nicht, wenn man sich bückt.« Was ist dieses Lied doch für eine elegante Form der Anprangerung der verblödend-multimedialen, bequem-stumpfsinnigen, massenkompatibel-phlegmatischen Medien- und Konsumära!

Wie dem auch sei: Dieses Buch ist eine Hommage an diesen Song. Eine Hommage an die Selbstbestimmung, an die Unabhängigkeit, an die Einmaligkeit, an die Freiheit, an das Leben! Es ist ein Appell an dich persönlich, dein Licht nicht länger unter den Scheffel zu stellen und dich nicht länger selbst zu verleugnen: deine Gefühle, deine Sehnsüchte, deine Träume, deine Bedürfnisse, deinen Körper, deine Seele.

Der ursprüngliche Arbeitstitel dieses Buches lautete »Ab heute bin ich gut zu mir!«. Auch wenn es dieser Satz nicht auf das finale Cover geschafft hat, im Grunde sagt er immer noch alles aus, worum es in diesem Buch geht: um gut sein, um ehrlich sein, um

[1]Arjuna: Ein beeindruckender Held und Krieger / [2]Atman: Seele, Lebenskraft

konsequent sein, um wach sein, um lebendig sein. »Ab heute bin ich gut zu mir« – dieser kurze, einfache Satz, ehrlich ausgesprochen, genügt, um ein Leben zu verändern. Denn mit diesem einen Satz triffst du hier und heute eine ganz neue, machtvolle Wahl: die Wahl, endlich *für* dich zu sein statt gegen dich. Und nur auf diese Wahl kommt es an. Triff sie, und dein Leben wird nicht mehr wie vorher sein. Triff sie, und dein Leben wird sich verwandeln. Triff sie, und *du* wirst dich verwandeln.

Für sich sein, gut zu sich sein – klar, das möchte wohl jeder gerne. Aber was bedeutet »gut« sein eigentlich? Bedeutet es, sich selbst zu verwöhnen mit exklusiven Shoppinghighlights, glamourösen Kreuzfahrten oder luxuriösen Spa- und Wellnessbehandlungen? Oder bedeutet es, zum selbstverliebten Schnösel zu werden, der sich nur noch um sich selbst kümmert und dem alles andere egal ist? Weder noch! Gut zu sich zu sein bedeutet schlicht und einfach nur, Liebe zu sich selbst aufzubringen: Liebe zu seinem Körper, zu seinen vermeintlichen Fehlern und Macken, zu seinen Gefühlen, zu seinen Zielen, zu seinen Träumen, kurz Liebe zu seinem ganzen So-sein, mit allem, was dazugehört.

Doch Moment mal, ist diese Liebe zu sich selbst überhaupt okay? Haben wir nicht von klein auf zu hören bekommen, Selbstliebe sei aller Laster Anfang? Haben wir nicht von klein auf gelernt, dass wahre Tugend darin bestehe, sich selbst zurückzunehmen, sich für andere aufzuopfern und ganz und gar *selbst*los zu sein? Oh doch, genau das haben wir gelernt und wir alle können sehen, wohin uns diese Selbsterniedrigung geführt hat: in einen Abgrund aus Abhängigkeit, Hörigkeit, Angst, Selbstzweifeln, Minderwertigkeitskomplexen und manchmal sogar blankem Selbsthass.

Auch ich selbst steckte – ohne es zu merken – viele Jahre meines Lebens in solchen unbewussten Verhaltens- und Glaubensmustern fest und verleugnete, nein besser: *vergewaltigte* mich auf diese Weise selbst. Viele Jahre lang wollte ich es immer allen und jedem recht machen, wollte charmant sein statt ehrlich, wollte *ge*fallen statt *auf*zufallen und war immer darauf bedacht, ja nicht anzuecken. Denn auf unbewusster Ebene wollte ich um keinen Preis der Welt riskieren, auf Ablehnung zu stoßen. Und sogar heute ertappe ich mich hin und wieder noch dabei, in diese alten Muster zurückzufallen. Immer wieder kommt es vor, dass ich, wenn jemand etwas von mir will, meine eigenen Bedürfnisse lieber einmal mehr ganz schnell wegstecke, anstatt offen und ehrlich dafür einzustehen. So wähle auch ich manchmal noch immer lieber den »bequemeren« Weg. Doch dieser scheinbar bequeme Weg ist in Wahrheit ein Steiniger. Denn jeder Schritt, den wir auf ihm wandeln, macht uns kleiner und immer kleiner. Bis wir irgendwann selbst nicht mehr daran glauben, jemals groß gewesen zu sein. Doch wir sind es! Wir alle tragen in uns ein Potenzial, das so groß ist wie das Universum selbst! Und wir alle können dieses Potenzial hier und jetzt zur Entfaltung bringen – denn genau das ist unser Auftrag: Wir sind hierhergekommen, um den geheimen Plan unseres Lebens, den geheimen Plan unserer Seele zu erfüllen!

Alles, was von unserer Seite her verlangt wird, ist nur, aufrichtig und ehrlich zu uns selbst zu sein, gegenüber dem, was wir fühlen, gegenüber dem, wonach wir uns sehnen und gegenüber dem, was wir als innere Stimme in uns wahrnehmen. Das allein ist die wahre Bedeutung des Wortes Selbstliebe: nicht Selbstverliebtheit, Narzissmus oder Egomanie – sondern Ehrlichkeit, Konsequenz und Aufrichtigkeit.

Dieses Buch ist kein Motivations- oder Coachingbuch, denn davon gibt es wahrlich genug. Nein, dieses Buch soll dir, lieber Leser/liebe Leserin, vielmehr ein persönlicher Begleiter sein. Ein Begleiter auf dem Weg in die Freiheit, dem Weg in ein ganz neues, *wacheres* Leben in Selbstannahme, Selbstachtung, Autonomie, Souveränität und dauerhaftem inneren Frieden. Viele Etappen dieses Weges – um nicht zu sagen, alle – bin ich selbst im Laufe meines Lebens schon gegangen. Und wie gesagt, manchmal gehe ich sie auch heute noch.

Zögere nicht länger, und begib auch du dich auf den Weg – lass ihn uns gemeinsam gehen! Selbst, wenn du auf deiner Wanderschaft einmal hinfällst oder zu straucheln scheinst oder den Weg vorübergehend ganz aus den Augen verlierst: Es ist nicht schlimm. Ganz im Gegenteil, es ist sogar völlig okay! Vergiss nie: Du bist jetzt einer von uns. Ein Krieger für die Freiheit. Ein Krieger für das Leben. Und als Krieger kannst du jederzeit wieder von Neuem aufstehen, von Neuem dein Schwert ziehen und dich von Neuem freuen, denn mit jedem neuen Aufstehen erinnerst du dich daran, wofür du eigentlich kämpfst: nämlich nicht nur für dich allein, sondern für die ganze Welt! Für all die Eingekerkerten, für all die Verbannten, für all die Gefangenen, für all die Entmutigten, für all die Einsamen, für all die Resignierten, für all die Verängstigten. Für sie alle kämpfst du, denn für sie alle bist du durch dein Beispiel ein Licht in ihrer Dunkelheit.

Deshalb: Lass uns gehen, Krieger!

PS: Im Verlaufe des Buches werden dir immer wieder Praxisübungen und Meditationen begegnen, die mir auf meiner persönlichen Wanderschaft oft geholfen haben und die ich auch heute zum Teil immer noch gerne anwende. Natürlich sind diese Übungen keine Pflichtübungen und sie müssen auch nicht in exakt derselben Reihenfolge gemacht werden, wie sie im Buch stehen. Wähle einfach die Übungen aus, die sich für dich richtig und stimmig anfühlen und bei denen du merkst: »Ja, das bringt mich weiter!«

PPS: Dieses Buch versucht, in die eigene Tiefe zu führen, ja, im besten Fall sogar eine Art innerer Transformation zu bewirken. Ich habe mich beim Schreiben bemüht, weltanschaulich so neutral wie möglich zu bleiben. Manches Mal ließen sich jedoch Begriffe wie Gott, Seele, Erleuchtung, Selbst, etc. nicht vermeiden. Wenn diese Begriffe auftauchen, dann sind sie nicht als Bevorzugung oder Vorrangigkeit einer bestimmten theologischen Terminologie zu verstehen, sondern einzig und allein als ein adäquates Mittel, um eine gemeinsame Basis des Verstehens zu schaffen.

1. Alles für ein bisschen Liebe?

Ist nicht die Quelle unseres Daseins die Liebe?

Wilhelm Busch

Die erste und letzte Sehnsucht

Alle großen Religionen, alle großen Traditionen, alle großen Mystiker, ja, sogar alle (wirklich) großen Denker sagen uns im Grunde dasselbe: »Liebe ist unsere Quelle. Aus der Liebe kommen wir und zur Liebe gehen wir, immer und jederzeit.« Ohne mich an dieser Stelle selbst als große Denkerin oder Mystikerin hinstellen zu wollen, wage ich zu sagen: Die Rückkehr zur Liebe ist sogar die einzig wirkliche Sehnsucht, die wir Menschen überhaupt haben! Denn auch, wenn wir uns im Laufe unseres Lebens viele verschiedene Dinge wünschen - angefangen von einem schicken Wagen, einer tollen Karriere, einem eigenen Haus und vielleicht jeder Menge Geld -, wirklich *sehnen* tun wir uns doch immer nur nach einem: nach angenommen Sein, nach geborgen Sein, nach einem Gefühl der Sicherheit, kurz: nach *Liebe*.

Die Liebe ist unsere Quelle. Das bedeutet, wir alle sind aus der Liebe erschaffen. Man könnte auch sagen, wir *sind* Liebe. Ehe wir in diese körperliche Hülle, in diese Welt, in dieses Leben traten, ruhte unser Sein, unsere Seele, unser Geist, still im Schoß der reinen Liebe – ohne jede Vorstellung von Raum und Zeit. Die Erinnerung an diesen Zustand ruht noch immer tief in jedem von uns. Ja, wir alle können uns in unserem tiefsten, tiefsten Innern an eine Zeit erinnern, wo kein Schmerz uns je erreichen und keine Aufregung uns je stören konnte, an eine Zeit, in der wir selig und geborgen in den Armen der reinen Liebe ruhten und jedes Leid unmöglich war.

Ab und zu blitzt diese Erinnerung auch heute noch, mitten im Alltag, kurz und strahlend in unserem Bewusstsein hervor, wie bei einer Art Déjà-vu-Erlebnis: Wir sehen zufällig einen Schmetterling am Fenster sitzen und unser Herz beginnt unvermittelt zu lächeln. Wir sehen eine Schar Kinder ausgelassen auf dem Spielplatz herumtollen und fühlen ihre Unschuld plötzlich intensiv im eigenen Herzen. Wir spüren die Frühlingssonne auf unserer Haut, hören die Vögel ihr fröhliches Lied singen und empfinden auf einmal ein spontanes, tiefes Glück und die intuitive Gewissheit, in den großen Kreislauf ewig und untrennbar miteingebunden zu sein. In diesen kurzen, magischen Momenten, in denen wir einfach nur Innigkeit, Wärme und Verbundenheit empfinden und die ganze Welt still umarmen möchten, in diesen Momenten leuchtet unser wahres Wesen in uns auf. Der Schleier lüftet sich und gibt den Blick frei auf die Schönheit des unendlichen Sternenhimmels inmitten unserer menschlichen Seele.

Das Zuhause unserer Seele, *unser* Zuhause, ist die Dimension der ewigen Liebe, einer Dimension abseits jeder Vorstellung von Form, Raum und Zeit. Hier hat alles begonnen und hier endet alles. Doch *jetzt* sind wir hier, eben *in* diesem Körper, eben *an* diesem Ort und eben *in* dieser Zeit. Und hier scheint die Liebe irgendwie verloren gegangen zu sein. Ja, mehr noch: Alles, was die Liebe ausmacht, scheint hier ins Gegenteil verkehrt! Statt Miteinander herrscht Gegeneinander, statt Verbundenheit Isolierung, statt Solidarität Konflikt, statt Unschuld Schuld und statt Selbstliebe Egozentrik. Vielleicht brennt gerade deswegen die Sehnsucht nach der *wahren* Liebe so stark in uns: nach einer Liebe ohne Schmerz, nach einer Liebe ohne Gegenteil, nach einer Liebe ohne Urteil.

Die wahre, die unpersönliche, die ursprüngliche Liebe ist wie ein starker Magnet, der uns Menschen geradezu magisch anzuziehen scheint. Unser Leben lang suchen wir nach dieser essenziellen Form der Liebe – und was wir finden, ist oftmals nur die »Liebe« der Welt: Wir verlieben uns in jemanden, fühlen uns überglücklich, strahlend, freudetrunken und schweben für kurze Zeit selig im siebten Himmel der rosaroten Herzchen, nur um dann geknickt und machtlos zuzuschauen, wie aus den Herzchen langsam die Luft entweicht und wir entzaubert und desillusioniert zurück auf den Boden der Tatsachen purzeln. So beginnen wir das ganze Spiel wieder von vorn: Wieder verlieben wir uns, wieder sind wir einige Zeit glücklich und wieder glauben wir, diesmal die wahre Liebe gefunden zu haben – ohne zu merken, dass es in Wahrheit wieder nur der flaue Abklatsch der Verliebtheit ist, und Verliebtheit bringt zwangsläufig Dinge mit sich, die eigentlich gar nichts mit der *wahren* Liebe zu tun haben: extreme Polarität, Eifersucht, Abhängigkeit, Besitzsucht, Enttäuschung, Sentimentalität, Aufregung, Leid, Verbitterung und vieles mehr.

Alle Menschen suchen die Liebe – doch viele finden nur die Verliebtheit. Alle Menschen suchen Zuneigung – doch viele finden nur Leidenschaft. Kein Wunder, dass im Bewusstsein der meisten Menschen die wahre Bedeutung des Wortes »Liebe« fast vollständig in Vergessenheit geraten ist. Kein Wunder, dass dieses eigentlich heiligste aller Wörter mehr und mehr zur abgedroschenen Phrase verkommt. Ja, sogar Versicherungen, Fast-Food-Konzerne und Supermarktketten haben neuerdings die »Liebe« für sich und ihre Werbung entdeckt! Die Leute in den Marketingabteilungen sind selbstverständlich nicht auf den Kopf gefallen: Sie wissen genau: Jeder sucht irgendwie nach der Liebe. Warum also nicht auch in

Burgern, Schokolade oder Waschpulver? Sex war gestern, heute gilt: »Love sells!« Doch mal ehrlich: Ist das die Liebe, nach der wir uns so sehnen?

Wahre Liebe ist etwas Heiliges. Sie ist so heilig wie das Leben selbst. Wenn das Leben von Liebe spricht, dann spricht es von nichts anderem als Mitgefühl, Milde, Akzeptanz und Frieden. Spricht die Welt hingegen von Liebe, dann meint sie oft nur die Verliebtheit, die Aufregung, den Flitter, das Kribbeln, die »Schmetterlinge im Bauch«, die so schnell wieder davonfliegen. Wenn die Welt von Selbstliebe spricht, meint sie folglich nur die Selbstverliebtheit und damit die Egozentrik. In Wahrheit ist Liebe so viel mehr, so viel tiefer und hat absolut nichts mit uns als Person zu tun, denn die wahre Liebe liegt *abseits*: abseits von Objekten, abseits persönlicher Vorlieben und Abneigungen und abseits aller menschlichen Beurteilungen von »gut« und »schlecht«.

Das Geheimnis der wahren Liebe ist: Sie nimmt alles gleichermaßen an.

Dieses alles-Annehmen ist also unser Schlüssel. Doch kann dies nirgendwo anders beginnen als tief in uns selbst. Das bedeutet, wir können die Liebe mit all ihren herrlichen Facetten erst dann in unserem Leben manifest machen, sie erst dann wirklich (wieder-) finden, wenn wir uns dazu ermächtigen, uns selbst vollkommen und bedingungslos zu lieben – für alles, was unser Sein ausmacht: angefangen von unserem Körper, unseren Gefühlen, unseren Zielen und Sehnsüchten, bis hin zu unserem Scheitern, unseren Unzulänglichkeiten und unseren Fehlern. Ja, im Grunde müssen wir uns regelrecht durch alle Schichten »hindurchlieben«, denn nur so kann die Liebe, nach der wir uns so sehnen, von Neuem in unserem Bewusstsein erwachen und sich durch uns hindurch bis in die Außenwelt hin ausdehnen.

Die »gute« Nachricht zuerst: Diese Ausdehnung geschieht ganz von selbst, wir müssen uns weder darum bemühen, noch großartig an uns »arbeiten«. Wir müssen nur Ehrlichkeit, Nachsicht und Mitgefühl uns selbst gegenüber aufbringen und alles verwandelt sich. Die »schlechte« Nachricht: Wir selbst müssen den Anfang zu dieser Verwandlung machen, wir selbst müssen das Rad der Liebe zum Drehen bringen! Doch an dieser, an sich eigentlich völlig simplen Aufgabe scheitern viele seltsamerweise, denn sich selbst gegenüber liebend, mitfühlend, nachsichtig und vor allem *ehrlich* zu sein, bis hinunter zum entlegensten und verborgensten Winkel des eigenen Seins, hieße, sich aus seiner gewohnheitsmäßigen Bequemlichkeit aufzuraffen, einen bewussten Blick hinter die Fassade zu werfen und schnurstracks in die unbekannten Tiefen des eigenen Wesens hineinzuspringen.

Springen wir! Springen wir jetzt!

Wir alle sind mit einem Auftrag in dieses Leben gekommen: die Liebe, die wir sind, in uns und durch uns zu verwirklichen. Es ist unser Part, die Liebe in dieser Welt zum Ausdruck, zum Blühen, zu bringen und in sicht- und greifbare Realität zu verwandeln. Auf diese Weise werden die Dimensionen verbunden und geheilt. Noch ist die Liebe der Welt eine gebundene Liebe. Noch wird Liebe mit Verliebtheit, Leidenschaft, Narzissmus und Egozentrik verwechselt und mit Gefühlen wie Eifersucht, Enttäuschung, »Liebeskummer« oder »Herzschmerz« in Verbindung gebracht. Doch das ist nicht weiter schlimm. Es wird unseren Auftrag nicht beeinträchtigen, im Gegenteil: Unsere (Selbst-)Verliebtheit, unsere Leidenschaft und all die dazugehörigen emotionalen Facetten sind sogar notwendiger Bestandteil unseres Auftrags! Sie beide sind zwei Stacheln unter vielen, die uns dabei helfen, am Ende die leuchtende Blüte ganz oben zu erreichen, denn mit jedem schmerzhaften Stich, den uns diese Dornen zufügen, dürfen wir mehr und mehr erkennen, was Liebe ist und was nicht. Die wahre Liebe nämlich hat nur *eine* Richtschnur - eine Richtschnur, die dem, was die Welt für Liebe hält, vollkommen entgegenläuft:

Wenn es schmerzt, ist es keine Liebe.

Unvollkommenheit, ich liebe dich!

Wir alle sind nur Menschen und darum haben wir alle unsere kleinen Fehler, Macken und Unvollkommenheiten. Keiner ist »perfekt« – zum Glück! Ja, wäre es nicht furchtbar langweilig, wenn jeder perfekt wäre? Wenn körperlich jeder ein Topmodel wäre und geistig jeder ein Heiliger und Erleuchteter? So eine Welt wäre bestimmt kein Paradies – eher eine große Schlaftablette! Seien wir daher froh und dankbar für unsere Macken! Sei *du* froh über deine Macken! Sei froh, dass du eben nicht perfekt bist und gerade deshalb das Leben interessant machst! Liebe dich dafür!

Gerade die kleinen oder großen Unvollkommenheiten sind es, die einen Menschen liebenswert machen. Ist dir schon einmal aufgefallen, wie liebenswert eine Zahnlücke sein kann? Wie unschuldig ein leichtes Stottern oder wie schön ein Gesicht voller Sommersprossen ist? Bestimmt, oder? Oft sind es *gerade* die kleinen Makel, die unsere Mitmenschen in unseren Augen schön und liebenswert machen. Nur, wie verhält es sich mit uns selbst? Was ist, wenn wir es sind, die schiefe Zähne haben? Was ist, wenn wir es sind, die stottern? Finden wir diese Dinge dann auch noch liebenswert und unschuldig? Na?

Tatsache ist, dass Liebe für sich selbst aufzubringen meist bei Weitem schwieriger ist als Liebe für jemand anders. Aber wieso fällt es uns bei anderen so leicht und bei uns selbst so schwer? Vielleicht ist der Grund einfach der, dass wir Angst haben – Angst vor Ablehnung, Angst vor Zurückweisung, Angst vor Nicht-geliebt-Werden. Vielleicht fürchten wir uns davor, von unserer Umwelt als unzulänglich beurteilt zu werden, als nicht liebenswert oder der Liebe sogar gänzlich unwürdig.

Die Angst vor dem Nicht-geliebt-Werden sitzt in den meisten von uns sehr tief; so tief sogar, dass wir (fast) alles tun, nur um unserer Außenwelt zu gefallen: Wir eifern den Idealen aus Modemagazinen und TV nach, »spachteln« unser Gesicht mit teurer Kosmetik voll, glätten uns die Haare, ja, vielleicht gehen wir sogar zum Schönheitschirurgen. Und auf seelischer Ebene machen wir uns klein, indem wir uns unbewusst (oder sogar bewusst) in Selbstvorwürfen, Selbstmitleid und Schuldzuweisung verlieren, weil wir trotzdem noch nicht zufrieden mit uns sind. Es ist ein Dilemma! Stoppen wir es jetzt einfach – es muss nicht sein! Es muss nicht sein, dass wir uns selbst, unseren Körper und unsere Seele weiter bekriegen, verstümmeln und verletzen! Lassen wir uns jetzt einfach von der Liebe heilen, der Schlüssel dazu liegt in uns selbst.

Wahre Liebe kennt kein Urteil. Deshalb beginnt Selbstliebe in der Praxis immer damit, dass du dich ganz und gar vom Urteil deiner Außenwelt (und auch deinem eigenen!) lossprichst. Oder bist du von ihrem Urteil abhängig? Bist du davon abhängig, dass dich die Welt auf ihrer spießigen kleinen Skala als »gut«, »schön« oder »liebenswert« einstuft? Einer Skala, deren subjektive Messlatte sich mit dem Wetter ändert und ständig von Ideal zu Ideal hetzt? Einer Skala, die dich heute vielleicht als »tadellos« und »liebenswert« beurteilt und morgen vielleicht schon als »fehlerhaft« und »nicht liebenswert« fallen lässt, nur weil du dem neuesten Ideal nicht mehr entsprichst? Stelle dir aufrichtig diese Fragen und dann antworte ehrlich: Bist du davon abhängig?

Die Antwort wird vermutlich als ein entschiedenes *Nein!* in dir auftauchen. Doch es genügt nicht, dir die Tatsache, dass du frei bist, nur mit deinem aktiven Tagesbewusstsein und Alltagsdenken vor Augen zu führen. Unbewusst bist du nämlich *doch* abhängig davon! Auch wenn du es nicht wahrhaben willst und es eigentlich deinem wahren Wesen, das nur Grenzenlosigkeit und Liebe ist, spottet. Wäre es anders, hättest du nie zu einem Buch wie diesem gegriffen. Aber wie lässt sich über dieses unbewusste Muster innerer Abhängigkeit hinausgehen? Nun, den ersten Schritt haben wir schon einmal hinter uns, nämlich den, uns klarzumachen, dass unser wahres Wesen nur Grenzenlosigkeit und Liebe ist. Okay, so weit, so gut. Gehen wir jetzt ein bisschen anders vor. Stelle dir nun nicht mehr die Frage, ob du vom Urteil deiner Außenwelt abhängig bist, sondern eine ganz andere: Stelle dir die Frage, wer du eigentlich bist.

Wer bist du? *Was* bist du? Bist du dieser Körper und diese Person oder bist du ein unsterblich geschaffener Funke der Liebe? Bist du ein vorübergehendes Staubkorn im Strudel der Zeit oder ein Stückchen Ewigkeit, das schon immer existiert hat und immer existieren wird? Ungeachtet deiner ethischen oder konfessionellen Herkunft, deiner Weltanschauung oder deines vorhandenen oder nicht vorhandenen Glaubens: Stell dir diese Frage jetzt ganz ehrlich und neutral, indem du klar definierst und festlegst, was du bist und was du nicht bist.

»Wer oder was bin ich?«

Höchstwahrscheinlich wirst du merken, dass du dir die Antwort nicht selbst geben kannst. Was du aber kannst, ist zu horchen und zu schauen, wie sich die Frage ganz langsam und wie von selbst in deinem Bewusstsein zu verändern beginnt:

»Bin ich dieser Körper?«
»Bin ich diese Person?«
»Bin ich dieser Beruf?«
»Bin ich diese Rolle?«
»Oder bin ich nichts davon?«

Stellst du dir diese Fragen wirklich ehrlich und aufrichtig, kommen die Antworten ganz von allein zu dir. Dir wird ganz von allein bewusst werden, dass du keines dieser Dinge wirklich sein *kannst*, weil all diese Dinge nur vorübergehend sind. Sie gehören zwar jetzt im Moment zu dir, sind Teil deines jetzigen Seins, werden aber irgendwann allesamt wieder von dir abfallen und Neuem Platz machen: neuen Rollen, neuen Berufen und vermutlich auch neuen Körpern. Dein innerstes Selbst jedoch bleibt immer gleich. Es verändert sich nicht, sondern nimmt alles hintergründig wahr, ohne davon berührt zu werden. Dieser ewige Teil in dir, dieses Unveränderliche und Unsterbliche, das bist du. Auch wenn du das jetzt vielleicht noch nicht glauben kannst oder willst: Es ist die Wahrheit. Du bist ewig, du bist unendlich, du bist liebend, du bist göttlich. Es ist nicht deshalb die Wahrheit, weil es wissenschaftlich untersucht oder gar bewiesen wurde (kann man so etwas überhaupt beweisen?), und auch nicht, weil es aus einem glühenden und inbrünstigen Glauben heraus gespeist wird, nein. Es ist die Wahrheit, weil du es *spüren* wirst, wenn du tief in dich selbst hineintauchst.

Wie eingangs erwähnt, will dieses Buch in die Tiefe führen, es will etwas entfachen, will etwas schüren, etwas heraufbeschwören: das Verlangen nach der eigenen Wahrheit. Deshalb geht es in diesem Buch und allen darin enthaltenen Übungen im Grunde immer nur um das oben genannte spüren-Können, denn wenn du das spürst, was du wirklich bist, kann dich nichts *Vorübergehendes* mehr berühren: keine Intrigen, keine Emotionen, keine Boshaftigkeiten, kein Spott, keine Häme, keine Negativität, keine Vergangenheit, nichts! Alles gleitet an dir vorüber wie Wellen über den Ozean, während du sicher und gefestigt in dir selbst, in der Liebe deiner Natur, ruhst.

Doch eins nach dem andern. Schritt für Schritt. Kehren wir fürs Erste zu unserer Frage *Wer bin ich?* zurück. Nachdem du sie dir ehrlich gestellt hast und sie sich, wie oben beschrieben, verändert hat, kannst du nun beginnen, alles auszusortieren, was nicht du sein kannst:

»Ich bin nicht dieser Körper.«
»Ich bin nicht diese Person.«
»Ich bin nicht dieser Beruf.«
»Ich bin nicht diese Rolle.«

Sortiere auf diese Weise alles aus, was nicht du sein kannst. Mach solange weiter, bis dir nichts mehr einfällt und schau, was am Ende von der Frage übrig bleibt:

»Ich bin.«

Das ist die Antwort. Du bist. Und nun stell dir noch einmal die allererste Frage:

»Bin ich vom Urteil meiner Außenwelt abhängig?«

Das Trauma der Lieblosigkeit

Liebe für sich selbst aufzubringen ist in der Tat das Einzige, das von unserer Seite her notwendig ist, um ein glückliches Leben zu führen. Zugegeben, wenn man in den Gefühlen des Selbsthasses, der Selbstverurteilung oder der Hilflosigkeit festsitzt, erscheint dieser Ratschlag wie eine Farce. Es hört sich so einfach an und lässt sich dennoch nur sehr schwer bis gar nicht umsetzen. Aber warum ist das so? Warum sind die Gefühle der Selbsterniedrigung, der Unzulänglichkeit oder des Selbsthasses oft so tief in uns verankert?

Der Grund liegt darin, dass wir Menschen kollektiv seit langen, langen Zeiten unter einem gewaltigen Trauma leiden. Es ist das Trauma der Lieblosigkeit – dadurch hervorgerufen, dass wir in einer offenkundig lieblosen Welt, oder besser, einem offenkundig lieblosen System leben. Die Lieblosigkeit offenbart sich in vielen Dingen unseres alltäglichen Lebens: im Großen in

Krieg, Verfolgung oder Tyrannei und im Kleinen in Streit, Intrige, Druck, Ausbeutung, Erpressung, psychischer (nicht selten auch physischer!) Gewalt und vielem, vielem mehr. Was anderes als ein Trauma könnte die Folge sein?

So wie jedes Tier leidet, wenn es nicht in einer artgerechten Umgebung gehalten wird, leidet der Mensch ebenso. Und die Welt, in der wir heute leben, kann nicht »artgerecht« für uns sein, denn sie wird noch immer vom Gegeneinander statt vom Miteinander beherrscht: von den Ellbogen statt dem Herzen, vom Geld statt von der Menschlichkeit. Es liegt in der Hand jedes Einzelnen von uns, das zu ändern. Wir selbst sind es, die uns unseren Lebensraum kreieren – und ihn durch die eigene Lieblosigkeit vergiften. Ergo sind es auch wir selbst, die ihn mit Liebe heilen können. Genau das tun wir, wenn wir uns selbst lieben.

Wir alle sind unserer Natur nach Geschöpfe der Liebe. Eben darum schmerzt und verletzt uns jede gegenteilige Erfahrung umso mehr. Meist beginnt diese Verletzung schon sehr früh in der Kindheit. Doch nicht nur in solch extremen Fällen wie Kindesmissbrauch oder Ähnlichem zeigt sie sich, nein, auch im ganz »normalen«, »alltäglichen« Leben. Sogar schon die ganz kleinen Kinder werden heute gegen das Prinzip der Liebe erzogen, denn spätestens in der Schule wird ihnen beigebracht, dass »Leben« im Grunde nur ein Synonym für »Leistung erbringen« sei, dass sie sich zu beweisen hätten, dass sie gut und brav sein und kämpfen müssten, um zu anerkannten Mitgliedern der Klasse, der Gruppe oder der Gemeinschaft zu werden. Später dann müssten sie Geld verdienen, viel Geld, am besten so viel wie möglich, um die drei ersten und höchsten Credos der Gesellschaft zu erfüllen, bei denen das eine das andere bedingt:

1. Credo: Ohne Geld bist du nichts wert.
2. Credo: Nur wer etwas leistet, ist gut.
3. Credo: Nur wer etwas leistet, bekommt auch etwas zurück.

Frage: Was macht diese Art von Leistungsanspruch mit solch einem Kind, solch einem Menschen? Ganz einfach: Sie vermittelt ihm das Gefühl, dass es so, wie es ist, nicht gut genug sei und Liebe und Anerkennung erst dann würdig werde, wenn es entsprechende Gründe dafür liefere. Aus dieser Sicht heraus beginnt das Kind unweigerlich, sich unbewusst mit anderen zu vergleichen, zu kalkulieren und zu berechnen, mit anderen in Konkurrenz zu treten und sich selbst zu verurteilen oder sogar zu hassen, wenn es den Ansprüchen nicht genügt, Fehler macht oder scheitert[3] . Das ist der Moment, in dem das Trauma in der Regel beginnt, und damit der unterschwellige Schmerz, der aus reinem Selbstschutz tief hinein ins Unbewusste verdrängt wird. So werden aus traumatisierten Kindern traumatisierte Erwachsene: Erwachsene, die ständig Angst haben, etwas falsch zu machen, die sich erbarmungslos für Gewinn und Erfolg abstrampeln, die sich selbst gegenüber extrem gehemmt und unsicher sind und die aufgrund dieser Unsicherheit (mithilfe der richtigen Manipulationsmethode) leicht unter fremder Kontrolle

[3] Eine im April 2013 veröffentlichte internationale UNICEF-Vergleichsstudie ergab zu diesem Thema, dass in Deutschland mittlerweile bereits jeder siebte Jugendliche seine subjektive Lebenssituation (ungeachtet seiner materiellen Lebensbedingungen) als negativ einschätzt. Damit belegte Deutschland in Sachen Zufriedenheit von 29 untersuchten Staaten den 22. Platz und fiel mit diesem Ergebnis tiefer ab als jedes andere untersuchte Land. Hans Bertram, Professor an der Berliner Humboldt-Universität und Mitglied des deutschen UNICEF-Komitees sagte dazu: »Die deutschen Mädchen und Jungen stellen sich und ihrer Umgebung ein erschreckendes Zeugnis aus, das uns nachdenklich machen muss. Die einseitige Konzentration auf Leistung und formalen Erfolg führt dazu, dass sich viele Kinder und Jugendliche ausgeschlossen fühlen. Unsere an Ressourcen reiche Gesellschaft versagt offensichtlich dabei, allen Mädchen und Jungen Hoffnung und Perspektiven auf gerechte Teilhabe zu geben«.

gehalten werden können, wie programmierte Roboter. Genau diese unzähligen Roboter sind es letztlich, die das Getriebe des Systems am Laufen halten und in den Schulen bereits die nächste Generation Roboter heranziehen. Roboter produzieren Roboter.

Man sieht: Das Trauma der Lieblosigkeit bildet in Wahrheit das Fundament unseres gesamten Gesellschaftssystems. Keine Frage, dieses Trauma sitzt in den meisten von uns – bewusst oder unbewusst - sehr tief. Zum Glück jedoch steht der Weg zurück zur Liebe jederzeit offen. Der Satz »Ich liebe mich selbst – für alles« bleibt allerdings nichts weiter als eine inhaltsleere Phrase, solange wir dem Wesen der Liebe – und damit unserem eigenen – nicht etwas tiefer auf den Grund gehen. Das bedeutet, nur indem wir uns selbst aufrichtig die Frage stellen: Wer bin ich?, können wir über die Schatten der Vergangenheit hinausgehen. Nur indem wir ganz klar festlegen, was wir sind und was wir nicht sind, können wir all das loslassen, was uns verletzt, schmerzt oder gebunden hält. Denn in diesem Festlegen erkennen wir:

*Das alles hat nichts mit dem zu tun, was ich **wirklich** bin!*
*Mein **wahres** Ich kann nicht angegriffen werden.*
*Mein **wahres** Ich kann nicht verletzt werden.*
*Mein **wahres** Ich kann nicht sterben.*

Liebe ist dein wahres Wesen. Was hält dich eigentlich davon ab, dieses Wesen hier und jetzt zur Entfaltung zu bringen? Was hält dich davon ab, dich in diesem Augenblick voll und ganz zu lieben? Ist es deine Vergangenheit und der damals erlittene Schmerz? Ist es die Zurückweisung, die Verletzung, das Verlassen-worden-Sein oder die Enttäuschung, die du damals erlebt hast? Was auch immer der Grund ist: Vergib ihn dir. Vergebung ist das Mittel der Wahl,

Frieden mit der Vergangenheit zu schließen. Vergib dem, was geschehen ist, und vergib ebenso die Gedanken und Gefühle, die damit zusammenhängen: den Hass, den Groll, das Selbstmitleid, die Kränkung, den Schmerz, den Kummer, die Bitterkeit usw. Auf diese Weise wirst du von allem frei und dein Innenleben wird geheilt. Wie genau dieses Vergeben, dieses Heilen geht, werden wir im weiteren Verlauf noch herausfinden.

Vielleicht ist es aber nicht die Vergangenheit, die dich von der Liebe zu dir selbst abhält, sondern etwas anderes? Vielleicht sind es die Gedanken um das Wenn, Dann? Gedanken wie:

»Wenn mein Körper schlanker wäre,
dann könnte ich mich lieben.«
»Wenn mein Busen größer wäre, dann könnte ich mich lieben.«
»Wenn ich beruflich oder privat mehr leisten würde,
dann könnte ich mich lieben.«
»Wenn ich mehr für meine Beziehung tun könnte, sie ›besser‹
machen könnte, dann würde ich mich lieben.«

Diese Liste ließe sich wohl seitenweise so fortführen, vielleicht fallen dir selbst noch einige (oder viele) weitere Beispiele aus deinem eigenen Leben ein. Doch egal, wie diese Sätze auch für dich persönlich aussehen mögen, stelle dir nun einfach einmal vor, du *hättest* all das, was du aufgezählt hast: *hättest* eine noch bessere Figur als die Models im Fernsehen, *hättest* eine Beziehung, romantischer und liebevoller als im kitschigsten Hollywoodschinken und *hättest* einen Bombenjob wie aus dem Bilderbuch, mitsamt einem Chef, der dir täglich verkündet, welch tolle Arbeit du machst. Stelle dir einfach einmal vor, alles in deinem Leben wäre total perfekt und makellos, einschließlich dir selbst. Und dann frage dich ehrlich: Könntest du dich dann endlich lieben? Wärst du dann endlich im Frieden mit dir? Oder würdest du nicht vielmehr einen anderen Grund (er-)finden, dich eben *nicht* zu lieben? Vielleicht den, dass alles plötzlich *zu* perfekt ist?

Was auch immer dich jetzt, in diesem Augenblick, von der Liebe zu dir selbst abhalten mag, seien es solche beschriebenen Wenn-dann-Gedanken oder die Schatten der Vergangenheit oder vielleicht auch ganz was anderes, mache dir eines klar: Wenn du wirklich ehrlich damit beginnen willst, dich selbst für alles zu lieben, dann musst du jetzt deinen Verstand hinter dir lassen. Denn nur dein Verstand ist es, der vergangenen Schmerz umklammert hält, der nicht Frieden damit schließen kann, der sich mit anderen vergleicht und immer wieder Gefühle von Unzulänglichkeit, Angst, Wert- und Hilflosigkeit erzeugt. Solange du im urteilenden und vergleichenden Denken verbleibst, solange wirst du nicht wirklich lieben und auch nicht wirklich vergeben können. Bist du aber ehrlich gewillt, dich (und andere) *wirklich* lieben zu wollen, dann übe nun, bewusst die Ebenen zu wechseln: vom Kopf zum Herzen, von Vergangenheit und Zukunft ins Hier und Jetzt.

❋

Übung: Der glückliche Moment

Diese Übung ist als eine Art Alltagsmeditation immer und überall durchzuführen und kann dir, wenn dir wieder einmal Gedanken um Vergangenheit oder Zukunft deinen Seelenfrieden rauben wollen, helfen, ins ewige Hier und Jetzt zurückzukehren.

Konzentriere dich zunächst auf eine Sache deiner Wahl. Dies kann alles Mögliche sein: ein Tier, ein Stein, ein Telefon, ein Buch, ein Computer, ein Geräusch, eine Berührung, einfach alles, was gerade um dich herum ist. Konzentriere deine gesamte Aufmerksamkeit auf das, was du ausgewählt hast und frage dieses Objekt:

»Wozu dienst du mir?«

Und dann lausche. Mit der einfachen Frage »Wozu dienst du mir?« legst du automatisch alle vorgefassten Ideen, Urteile und abgespeicherten Meinungen deines Verstandes über dieses Objekt oder Phänomen ab. Dein Geist wird wieder leer, offen, empfänglich und du bist im Hier und Jetzt. Indem du nämlich die Frage stellst, wozu es dir dient, schaust du mit einem völlig offenen und gegenwärtigen Geist darauf.

Alles, jedes Objekt, hat dir etwas zu zeigen; alles hat dir etwas zu geben, denn alles kann dich in den ewigen Augenblick zurückbringen. Indem du fragst: »Wozu dient mir das?«, anstatt wie ein Roboter auf das zurückzugreifen, was in deinem Gedächtnis darüber gespeichert ist, hörst du auf, die Dinge aus der Vergangenheit heraus zu betrachten und zu definieren. Frage, schaue und höre auf das, was dir die Dinge sagen, statt den Dingen zu sagen, wie und was sie sind. Auf diese Weise lässt du sie selbst zu dir sprechen. Sie werden dir antworten und diese Antwort wird ganz neu, ganz frisch, ganz lebendig sein. Sie werden von Schönheit künden, von Wert und Würde.

Die Quelle der Liebe ist unser Herz, nicht unser Verstand. Sich selbst lieben bedeutet daher bloß, sich selbst nicht länger zu verurteilen. Es bedeutet, das Rotieren des in Vergangenheit oder Zukunft schwelgenden, vergleichenden und wertenden Denkens bewusst zu stoppen und in die Stille und Gegenwart des alles annehmenden Herzens einzutauchen. Indem wir diesen Wechsel konsequent üben – und zwar nicht nur in der Meditation, sondern auch im Alltag – und uns bewusst dazu entschließen, nicht mehr über uns selbst und andere zu urteilen, lernen wir, zum Herrscher zu werden. Wir lernen, zum Herrscher zu werden über unseren Verstand und unsere Gedanken und somit zum Herrscher über unser Leben. In der Ausübung dieser unserer Herrschaft wird uns bewusst, dass nur die eigenen lieblosen Gedanken und Werturteile es waren, die uns unglücklich gemacht haben. Doch konnten sie das nur, weil wir ihnen vorher diese Macht eingeräumt hatten.

In deiner Entscheidung, dich selbst lieben zu wollen, lernst du, zum Herrscher zu werden. So lernst du dich selbst so kennen, wie du *wirklich* bist: stark, mächtig und souverän. Und ganz ehrlich: Was brauchst du *dann* noch, um dich lieben zu können, wenn dir deine eigene Macht und Stärke bewusst wird? Was müsste dann noch anders sein?

2. Der Weg des wahren Dieners

Durch Dienen zu herrschen, ist das Geheimnis des Erfolgs.
Wahres Herrschen ist Dienen.

I Ging, chinesisches Weisheitsbuch

Der Helfertrip

Der Weg der Liebe ist der Weg des Dienens, denn Liebe will niemals etwas für sich allein behalten. Das bedeutet, hast du die Liebe deiner Seele für dich selbst gefunden, dann wirst du gar nicht anders können, als sie über dich selbst hinaus auszudehnen und deinen Schatz mit jedem, der dir begegnet, voller Freude zu teilen. Liebe will gegeben werden und mit jedem Geben empfängst du nur noch mehr! Ist es nicht wundervoll?

Viele Menschen spüren tief in sich den starken Drang, anderen dienen zu wollen, anderen etwas zu geben oder anderen zu helfen, was nur natürlich ist. Jeder verspürt den Drang seiner Seele, *lieben* zu wollen und Lieben *ist* Dienen. Solange wir jedoch nicht voll und ganz zur Liebe – zur Seele – erwacht sind, gleicht dieses dienen-Wollen nicht selten eher einem Helfertrip. Vielleicht kennst du diesen Helfertrip auch? Vielleicht fühlst du dich auch oft für alles und jeden verantwortlich? Vielleicht übernimmst auch du gern die Rolle des guten Freundes, des Beraters in misslichen Lebenslagen, der »starken Schulter« zum Ausweinen oder gar des Therapeuten in seelischen Krisenzeiten?

Die meisten von uns übernehmen diese Rollen wohl recht gern, gar keine Frage – und mal ganz ehrlich: Es ist schon eine Verlockung! Fühlt man sich nicht auf eine verborgene Art und

Weise heimlich geschmeichelt und stellt sich aufgrund dessen gerne als Problemlöser zur Verfügung? Irgendwie schon, oder? Probleme fremder Leute zu lösen ist nun mal einfacher und angenehmer, als sich um die eigenen zu kümmern. Und viele verdienen sogar sehr gut daran, die Probleme anderer zu lösen! Oh ja, die Probleme anderer zu lösen ist ein eigener Wirtschaftszweig, der heute mehr boomt denn je: Kein Bereich des menschlichen Lebens, für den es nicht mindestens einen Spezialisten gäbe: Paartherapeuten, Typberater, Erfolgstrainer, Finanzcoachs, Schuldnerberater, Fitnessassistenten, professionelle Diätbegleiter und und und. Fehlt eigentlich nur noch jemand, der uns dabei hilft, wie man richtig auf die Toilette geht.

Doch Spaß beiseite: Am »Verdienen« ist genauso wenig verkehrt wie am »helfen-Wollen« – aber will man damit nicht häufig die eigenen Probleme ausblenden? Die eigenen Probleme zu lösen würde ja schließlich Arbeit bedeuten! Nein danke, lieber nicht. Lieber geben wir unserer frischgebackenen Single-Freundin gute Tipps und Ratschläge, wie sie die kürzliche Trennung von ihrem Partner am besten verarbeiten könne, trösten unseren Kumpel, der gerade seinen Job verloren hat, oder kümmern uns um die sonstigen kleinen und großen Anliegen unseres Freundes- und Bekanntenkreises.

Am helfen-Wollen ist nichts verkehrt, gar nichts. Wie können wir jedoch Rat und Klarheit spenden, wenn in uns selbst (bewusst oder unbewusst) nichts als Verwirrung herrscht? Oder anders gefragt: Wie können wir anderen Liebe geben, wenn wir sie uns selbst nicht gegeben haben?

Warum haben viele Menschen überhaupt so einen starken Drang, als Problemlöser für ihre Umwelt zu agieren? Warum tun sie es? Wirklich aus reiner Barmherzigkeit, Freundschaft und Nächstenliebe? Oder tun sie es, um etwas zurückzubekommen? Vielleicht Anerkennung, Dank, Bestätigung, Selbstwert, Geld – oder eben Liebe? Das ist kein Dienen, sondern Dienern! Und Dienern ist keine wahre Liebe. Im Gegenteil, für das Ego ist es nur ein Mittel zur Selbstdarstellung. Für das Ego fühlt es sich einfach gut an, etwas für andere getan zu haben: Etwas, das ihnen andere oder sie selbst sich nicht hätten geben können. Es »opfert« sich, »selbstlos« und »gütig«, für seinen Nächsten auf und das macht nun dieses Ego, zumindest in seinen eigenen Augen, zu etwas Besonderem, zu einem wahren Märtyrer. Genau *das* ist es, was sich für das Ego am Helfertrip so gut anfühlt: Sein Helfen macht es besonders; es bestätigt es in der Rolle des gnädigen und aufopferungsvollen Märtyrers, der selbst so viel besser und edler ist als sein Gegenüber.

So viel zur »Logik« des Egos.

Zum Diener werden

Unsere eigentliche Aufgabe besteht nur darin, Liebe für uns selbst aufzubringen; das ist alles, was wir »tun« müssen. Dies beinhaltet jedoch unweigerlich, zuerst die eigenen Probleme zu lösen. Erst dann können wir uns – wenn überhaupt – mit den Problemen anderer herumschlagen. Erst dann können wir vom oberflächlichen verdienen-Wollen des Egos, zum dienen-Können des Herzens wechseln und jede Art von Helfertrip hinter uns lassen.

Jedes Herz, jede Seele, sehnt sich danach, zu dienen, denn Dienen ist das Grundgesetz des Lebens. Alles in der Natur dient, alles gibt sich gegenseitig hin: Pflanzen, Tiere, Menschen. Eins greift ins andere, das eine ermöglicht dem anderen das Leben. Das ganze Universum ist seinem Prinzip nach nichts anderes als ein großer Austausch von Hingabe:

Alles stirbt, um zu leben.

Nehmen wir als Beispiel einen Baum, einen Apfelbaum: Auch er dient uns! Er schenkt uns seine Früchte, sein Holz, seinen Schatten, Luft zum Atmen, ja vielleicht sogar das Papier für dieses Buch! Oder schauen wir uns die Erde an: Sie schenkt uns ihre Fruchtbarkeit, ihre Pflanzen, ihre Tiere, ihre Schönheit und gibt uns Heimat. Auch sie dient uns in Hingabe! Das Leben ist eine perfekt organisierte Symbiose von Billiarden verschiedenartigster Individuen, in der alles ineinandergreift, um wechselwirkliches Leben zu ermöglichen. Jedes einzelne Rädchen in dieser Symbiose, und sei es auch noch so winzig, ist dabei von essenzieller Wichtigkeit, um das Getriebe der Natur am Laufen zu halten. Ohne die Tätigkeit der bestäubenden Biene beispielsweise blieben die Blüten der Pflanzen unbefruchtet und eine Vielzahl an Pflanzen und Tieren würde aussterben. Oder nehmen wir den Regenwurm: Ohne seine munteren unterirdischen Putzaktionen und fortwährenden Verdauungstätigkeiten gäbe es keinen Humus, keine Fruchtbarkeit, keine Pflanzen, keine Tiere, keine Nahrung und schließlich auch keine Menschen. Der Regenwurm und die Biene: zwei Diener unter vielen, die Zeugnis davon ablegen, wie wichtig jedes einzelne Glied für die Aufrechterhaltung der Kette des Lebens ist. Und alles in dieser Kette geschieht nur durch Dienen – ohne Dienen kein Leben.

Werden auch wir wieder zum Diener! Nehmen auch wir

unseren angestammten Platz in der meisterhaften Symbiose des Lebens wieder ein. Doch wie genau geht das? Wo genau ist unser Platz in der großen Kette? Nun, der Weg zum Diener ist zunächst der Weg zur eigenen inneren Stille, zur eigenen Seele, die ja nur Liebe ist. Sobald wir diese Liebe in uns spüren können, sobald wird sie beginnen, sich durch uns auszudehnen. Dann können wir gar nicht mehr anders, als mit anderen in Beziehung zu treten und für sie da zu sein. Dann können wir gar nicht mehr anders, als uns selbst und anderen zu dienen.

Wird die Liebe des Herzens tief im eigenen Inneren empfunden, muss sie auch zum Ausdruck gebracht werden, denn die Natur der Liebe ist es, sich auszudehnen.

Ausdehnen bedeutet in diesem Fall: weitergeben. Das, was wir selbst in uns erfahren haben, dieses mit Worten nicht beschreibbare Gefühl von Frieden und Mitgefühl, können wir nicht einen einzigen Moment für uns allein behalten; nein, *jeder soll es haben!* Dies ist der Moment, in dem der wahre Diener in uns erwacht. Und sein Dienen ist keine Pflicht, ganz im Gegenteil, es ist reine Freude; eine Freude, die sich durch »weggeben« nur noch weiter und weiter mehrt! Der wahre Diener weiß: Alles, was aus Pflichtbewusstsein, angeblicher Schicklichkeit oder selbst auferlegter Disziplin heraus getan wird, ist aufgezwungen und künstlich und entstammt in der Regel nichts anderem als angelerntem Wissen. Pflicht ist Bemühung, Anstrengung und wird vom planenden Verstand initiiert. Solch ein Dienen ist nicht echt, denn der Verstand will nicht dienen – er will verdienen, kassieren, das Beste für sich herausholen. Verurteilen wir ihn nicht dafür, er hat es nun mal nicht anders gelernt. An seinem verdienen-Wollen können wir nichts ändern, doch können wir es durchschauen und auf diese Weise darüber hinausgehen.

Die Aufgabe des Verstandes ist es, uns einigermaßen sicher durch unser äußerliches Leben zu führen, uns in den praktischen Dingen des Alltags zur Seite zu stehen und uns auf diese Weise zu *dienen* – so wie uns unsere Füße dienen, um zu gehen, oder unsere Hände, um zu schreiben oder handwerklich zu arbeiten. Der Verstand ist seiner Natur nach also auch nur ein Diener! Die Probleme beginnen erst, wenn der Verstand vom Diener zum Herrn wird. Dann funktioniert die Symbiose nicht mehr und das natürliche Gefüge gerät ins Wanken. Es ist so, als wenn sich der Zahnriemen eines Autos plötzlich anschicken würde, die Funktion des Motors zu übernehmen – man braucht kein Mechaniker sein, um zu wissen, dass das nicht gut gehen kann. Das bedeutet, wenn der Verstand uns beherrscht, statt umgekehrt, dann bringt er unsere natürliche Harmonie aus dem Gleichgewicht, indem er uns mit seinen endlosen inneren Monologen die Ruhe raubt und uns die leise Stimme des Herzens nicht mehr hören lässt. Wir hören nicht mehr das Flüstern des Herzens, das leise vom *Dienen* spricht, sondern nur noch das penetrante Gewusel der Stimmen im Kopf, die ständig versuchen, uns zum *Verdienen* zu überreden, denn der Verstand hat gelernt, dass Verdienen nur vernünftig ist, Dienen dagegen nichts als dumm.

Ein im wahrsten Sinne des Wortes außer Kontrolle geratener Verstand blockiert den Zugang zum Herzen. Im Nu sehen wir nicht mehr mit den Augen der Liebe, sondern mit den Augen des Egos, und in seiner »Sicht« sehen wir nur Fremde. Wir sehen weder die liebende Quelle, die wir alle miteinander teilen, noch unsere auf ewig untrennbare Verbundenheit. Das einzige, das wir sehen, ist eine Mauer: eine Mauer, die zwischen uns und den »anderen« steht und uns vor ihnen »beschützt«. Hinter ihr bleiben unsere Mitmenschen, ja sogar unsere engsten Freunde, in Wahrheit nichts als Fremde: Fremde, die wir »lieben«; Fremde, die wir »mögen«; oder Fremde, die wir »hassen«. Doch *verdienen* können wir an ihnen allen – das zumindest sagt uns unser Ego.

Diese Sicht ist ziemlich trist, nicht wahr? Doch sind wir es selbst, die sie erschaffen. Wir selbst errichten Mauern! Nur wir selbst verschließen unser Herz. Gehen wir jetzt gemeinsam nach innen, hier können wir die Mauer niederreißen und unser Herz von Neuem öffnen. Gehen wir tief in uns, und wir hören ganz von selbst auf, anderer Leute Probleme lösen zu wollen, einfach weil wir erkennen: Es ist nur eine Flucht vor unseren eigenen!

Jeder einzelne muss seine eigenen Probleme lösen. Und eigentlich gibt es nur ein einziges, noch nicht gelöstes Problem, und nur dieses eine ist es, welches den ganzen Berg weiterer ungelöster Probleme nach sich zieht. Das Problem und die Lösung, beide liegen im eigenen tiefsten Inneren. Die Lösung ist der Kontakt zur Stille, zur Seele, zum wahren Selbst. Ist dieser erst einmal hergestellt, ist das Problem gelöst. Denn das Problem besteht einzig und allein im blockierten Zugang zu uns selbst, hervorgerufen durch unsere eigene geistige Rastlosigkeit. Oder mit anderen Worten: Nur das unentwegte Rattern und Rotieren in unserem Kopf hält uns von dem Frieden, den wir uns so sehr wünschen, fern – nichts sonst! Um die Behebung dieses Problems geht es in der Versenkung, in der Meditation.

Meditation (oder auch Kontemplation) ist nichts anderes als ein Zustand, in dem man sich geistig völlig entspannt und die gesamte Aufmerksamkeit liebevoll auf die Stille seiner innersten Lebensquelle richtet. Meditation ist eine Zeit, in der man alle Türen, alle Sinne vor den äußeren Reizen verschließt und sich aus der Welt da draußen in die Welt da drinnen zurückzieht; in die Welt, aus der wir alle stammen und in die wir alle am Ende wieder zurückkehren. In Wahrheit allerdings ist Meditation nicht wirklich ein dualer Wechsel von der einen Welt in eine andere, diese Vorstellung dient letztendlich nur dem besseren Verständnis. In Wahrheit vergehen (oder man kann auch sagen: verschmelzen) in der Meditation *beide* Welten: die innere und die äußere; man vergisst sie beide – als ob sie gar nicht existierten.

In Wahrheit gibt es keine Trennung zwischen Innen und Außen, weil beides nur verschiedene Entwicklungsstufen des individuell wahrnehmenden Bewusstseins darstellen.

Dieser Zustand ist mit Worten nur schwer zu beschreiben, vielleicht aber kommt ihm diese Vorstellung am nächsten: Du liegst in einer sternenklaren Sommernacht im Gras, die Grillen um dich herum zirpen friedlich, alles ist still und du blickst in die grenzenlose Weite des Universums über dir. Die Welt erscheint so winzig und unbedeutend, mitsamt ihrer ganzen Betriebsamkeit, ihren Problemen, ihren Sorgen, ihrer Hektik und verschwindet schließlich ganz aus deinem Bewusstsein. In diesem Moment gibt es nichts mehr zwischen dir und dem Universum, keinen Schleier, keine Gedanken, keine Person. Die Zeit steht still und alles ruht friedlich eingebettet in der Unendlichkeit allen Seins. Der Verstand ist still geworden und der Geist ehrfürchtig. In diesem heiligen Moment, in dem alles stillsteht und ruht, siehst du das Universum selbst in dir widergespiegelt und spürst: »Alles ist in mir und ich bin in allem«. In diesem Spüren erhaschst du einen Blick auf die Wahrheit, auf deine Quelle, auf die Liebe, auf Gott.

So in etwa kann man sich den Zustand der höchsten meditativen

Versenkung vorstellen: als ein Lüften des Vorhangs, ein kurzes Aufblitzen der Wahrheit im eigenen Bewusstsein. Dieser höchste Zustand wird meist erst nach vielen Jahren intensiver Übung erreicht, doch das soll uns hier und jetzt nicht weiter stören. Denn schon die allererste Meditation bringt sofortige Ergebnisse: Entspannung, Ausgeglichenheit, Ruhe, weniger Stress und vor allem innere Heilung. In der Meditation zentriert man sich in seine Quelle, man ist allein in seinem innersten Sein in Stille und Frieden. Oder anders ausgedrückt: Man ist bei sich daheim. In diesen stillen Momenten wird alles verarbeitet, was sich in unserem Geist an Emotionen, Erfahrungen und Eindrücken angesammelt hat, und alles Wertlose, Oberflächliche und Unnütze davon beginnt sich von selbst aufzulösen und abzufallen.

Meditation integriert das nährende Lebensprinzip und verbrennt allen emotionalen Müll. Und das Beste ist: Meditation kann man *immer* machen! Man muss sich nicht zwingen, stundenlang starr im Lotussitz auf einem Kissen zu verbringen und zu spüren, wie alle Glieder sich langsam verkrampfen. Man muss auch nicht zum spirituellen Einsiedler werden, der in eine abgelegene Hütte im Wald zieht und dort der Welt entsagt. Nein, auch dies ist Meditation: einfach einige Zeit lässig und entspannt herumsitzen, bewusst den eigenen Atemstrom beobachten, sich eine Auszeit nehmen und eine Zeit lang gar nichts tun – in den Himmel gucken, die Menschen beobachten, den Vögeln lauschen, den Wind spüren, die Natur genießen, achtsam sein.

Meditation ist eine Pause hingebungsvoller Passivität, bei gleichzeitiger totaler Bewusstheit und Aufmerksamkeit. Mit ihrer Passivität stellt die Meditation das genaue Gegenstück zu unserer überbetont aktiven und hektischen Lebensweise dar und bringt dadurch unserem Leben das notwendige Gleichgewicht zurück. In der Stille der Meditation heilen alle Verletzungen, alle Kränkungen und alle damit zusammenhängenden Emotionen. Wir werden wieder frei und offen und können das leise Flüstern unserer inneren Stimme wieder hören und so alle ihre Hinweise und Inspirationen für unser Leben empfangen und danach handeln. Dann wird das ganze Leben zu einer einzigen großen Meditation: Wir leben, handeln und arbeiten in der Welt und bleiben uns dennoch immer dem ewigen, unbewegten Sein hinter den Dingen bewusst. Wir leben in der Welt, ohne ihr anzugehören.

Durch Meditation werden wir achtsam, werden wir stark, werden wir wieder wir selbst, da wir wieder Zugang zu der ewigen Kraft in unserer Mitte bekommen. Diese ewige Kraft der Mitte weiß am besten, wo es für uns langgeht und wo und für wen unsere Hilfe benötigt wird. Über diese Dinge bestimmen nicht wir, sondern bestimmt unsere Seele. Dennoch werden wir genau wissen, wie wir dienen können und auch sollen, und ganz ohne nachdenken werden wir es tun.

Der Liebe zu dienen ist unsere gemeinsame Bestimmung. Im Erfüllen dieser Bestimmung heben wir die Erde in eine höhere Schwingung, in eine lichtere und feinere Struktur. So verläuft die geistige Evolution der Menschheit, vom verstandesmäßigen *Verdienen* zum herzlichen *Dienen*. Ist diese Evolution erst einmal weit genug vorangeschritten, werden wir über unsere Mitmenschen anders denken können. Wir denken, nein, wir *fühlen*:

Das Innerste dieses Menschen, seine Seele, sein Selbst, ist in Wahrheit Teil meines eigenen Selbst.

Ein Diener der Liebe tut, was immer auch getan werden muss: ohne Planung und ohne Erwartung eines bestimmten Ergebnisses. Sein Dienen ist völlig spontan und unvorbereitet; es wird weder geprobt noch einstudiert, sondern geschieht einfach. Es ist eine unsichtbare Botschaft des Friedens und des Mitgefühls an die ganze Welt. Ein Mensch, dessen Geist im Dienen verankert ist, ist immer zur richtigen Zeit am richtigen Ort und immer sind die richtigen Menschen mit ihm. Solche Geistwesen, verkleidet als Menschen, dienen, ohne zu missionieren. Im Gegenteil, sie erlauben jedem, so zu sein, wie er gerade ist, und das erlaubt es ihnen wiederum, sich mit jedem und allem still auszusöhnen.

Übung: Die Umkehrung

Mache dir, ehe du diese Meditation beginnst, klar: Die Liebe (oder Gott) ist in allem – in allem, was du siehst. Es gibt nichts in diesem ganzen Universum, keinen Stein, keine Pflanze, keinen Menschen, keinen Gegenstand, der nicht von ihrer Essenz durchdrungen wäre.

Nachdem du dir dies bewusst gemacht hast, beginne damit, dass du zuerst einige Zeit auf ein Tier, auf eine Blume oder auf irgendein anderes Objekt deiner Wahl schaust. Versuche, während du dieses Objekt betrachtest, zu empfinden, wie deine Aufmerksamkeit nach außen fließt, wie sie von innen nach außen wandert.

Dann schließe deine Augen und versuche dir vorzustellen, dass das, was du angeschaut hast, jetzt dich anschaut. Fühle, wie dir die Energie der Aufmerksamkeit langsam zurückgegeben wird. Fühle, wie die Liebe in dir mit der Liebe in dem Gegenstand, den du anschaust, in Kontakt tritt und deine Gabe der Aufmerksamkeit zu dir zurückkommt. Jetzt öffne wieder die Augen und schaue auf das Objekt. Fühlst du, wie zwischen euch Energie fließt? Das Tier, die Blume, der Stein gibt dir seine Aufmerksamkeit und hat dadurch begonnen, dir zu dienen.

Diese Übung schließt den Kreis des Dienens und damit werden Geben und Empfangen eins. Von nun an ist deine Aufmerksamkeit nicht länger einseitig, denn du spürst:

Alles, worauf ich schaue, jede Pflanze, jedes Tier, jeder Mensch, ja, die ganze Schöpfung, entspringt derselben liebenden Quelle wie ich. Und alles schaut genauso auch auf mich und tritt mit mir in Beziehung!

Erwachen in die Ewigkeit

In der Beseitigung aller Einbildungen, Irrtümer und Illusionen wird die Wahrheit erkannt. Deshalb ist der Weg des wahren Dieners unweigerlich auch der Weg der vollständigen Desillusionierung. Illusionen als Illusionen zu entlarven ist allerdings für viele das Allerschwerste. Viele möchten lieber weiter in den Illusionen von Einsamkeit, Schmerz, Begrenzung, Leid, Unglück und Sünde schwelgen, lieber schuldig und lieber in der Hölle sein als zu akzeptieren, dass sie geliebte, liebende, freie, herrliche und vor allem ewige Wesen sind, denn im Akzeptieren dieser Wahrheit wären alle Probleme mit einem Schlag gelöst, einfach weil sie nicht mehr länger als Probleme, sondern als Chancen wahrgenommen werden: Chancen, die einem die Möglichkeit bieten, zu wachsen.

Doch wenn keine Probleme mehr da sind, was bleibt dann noch von uns als Person, als Ego, übrig, wo doch das Ego gerade vom Erschaffen, Wälzen und (vermeintlichen) Lösen von Problemen lebt? Nicht mehr viel: Ohne Probleme, die man geistig bewegen kann, löst man sich als die Person, die man zu sein glaubt, vollkommen auf. Und genau das ist es, was uns auf unbewusster Ebene vor der Wahrheit zurückschrecken lässt: die Auslöschung der eigenen Person.

Im Erkennen der Wahrheit über sich selbst löst man sich als Person, als Ego, auf, weil man beides als Illusionen erkennt, als vorübergehende Erscheinungen auf dem grenzenlosen Horizont unseres wahren Wesens. Dieses Erkennen, dieses Auflösen, nennen die Mystiker Erleuchtung: Man löst sich auf im Leben, stirbt den Tod vor dem Tod und erkennt darin, dass es überhaupt keinen Tod gibt!

Ein Erleuchteter hat keine Probleme mehr. Ein Erleuchteter ist als Person im wahrsten Sinne des Wortes »gestorben« und gleichzeitig mit der Person starben auch alle Probleme, weil nur Personen Probleme haben können. Deshalb braucht ein Erleuchteter nichts mehr, er wünscht nichts mehr, plant nichts mehr, will nichts mehr anders haben. Er ist selig, allein in der Tatsache:

Ich lebe. Ich bin.

»Ich bin – und das Leben, Gott selbst, ist glücklich, dass ich bin! Ich bin das Leben! Ich bin ein Kind Gottes!« Auf dem Weg zum wahren Diener steigen diese bahnbrechenden Erkenntnisse mit der Zeit ganz von selbst auch in deinem Geist empor. Denn Erleuchtung ist kein Privileg der Mystiker, Yogis und Brahmanen, welches erst nach fünfzig oder sechzig Jahren religiöser oder spiritueller Askese erreicht wird. Oh nein, Erleuchtung kann *jetzt* sein! Sie kann sogar *nur* jetzt sein, in diesem einen Moment, in dem du bewusst und achtsam wirst, die Gedanken an Vergangenheit und Zukunft hinter dir lässt und in die ewige Gegenwart des Jetzt eintauchst. Das ist der Moment, in dem du in deine eigene Tiefe springst und du ganz von allein beginnst, dich dem Leben voll und ganz hinzugeben und deiner Seele intuitiv zu folgen. In diesem Moment völliger Bewusstheit und Hingabe erwachst du zu deinem wahren, ewigen Ich, denn Ewigkeit hat weder einen Beginn, noch hat sie ein Ende. Ewigkeit ist immer – hier und jetzt und überall.

Erleuchtung ist ein Erwachen aus der Zeit in die Ewigkeit.

Mit jedem einzelnen Atemzug, den wir tun, atmen wir die Essenz der Ewigkeit. Sobald dir dies bewusst wird, sobald der Hauch des Himmels dich berührt und dein innerstes Sein sich dir erschließt, sobald löst sich alles Vergängliche, alles Schmerzende und alles Unvollkommene in deinem Gewahrsein auf. Es ist unvergleichlich: Du hast das Ewige, das Göttliche, in dir gefunden – was willst du noch mehr?! Statt ängstlich und zaghaft, kannst du jetzt mutig und entschlossen sein; statt zu planen, bist du spontan, und statt das Leben steuern zu wollen, lässt du dich einfach von ihm tragen. Alles geschieht von selbst durch dich und du lässt es zu.

Mit diesem Zulassen nimmst du deinen angestammten Platz im Kreislauf des Lebens wieder ein. Einfach, indem du dich vom *Leben* leben lässt und nichts mehr für dich selbst behältst. Oder glaubst du, Blumen müssten etwas dafür »tun«, um in ihrer herrlichen Farbenpracht zu erblühen? Glaubst du, Bäume müssten ihr Wachsen und Gedeihen »selbst« in die Hand nehmen? Glaubst du, die Sonne müsste sich die Uhr stellen, um ihren nächsten Aufgang nicht zu versäumen? Nein, es geschieht alles von selbst! Das Leben lebt sich von allein! Und genauso verhält es sich mit dir: Auch du bist unverrückbarer Bestandteil des großen Rads, auch du bist »nur« ein Werkzeug des Lebens. Das, was du »dein« Leben nennst, ist in Wirklichkeit das Leben des Ganzen, des Universums, der Schöpfung. Oder mit anderen Worten: Nicht du lebst dein Leben – das Leben lebt dich.

Übung: Der Blick nach innen

In der Regel sehen wir unseren Körper immer nur von außen an. Aus diesem Grund sind wir uns häufig auch der Liebe, der Kraft und der Intelligenz nicht bewusst, die in ihm liegen. Wir sind noch nie bewusst in uns – unseren Körper – hineingetaucht, um zu sehen, was es darin zu sehen gibt. Mit dieser Übung wollen wir genau das probieren, wir wollen unseren Körper einmal von der anderen Seite aus betrachten, von innen heraus.

Beginne damit, dass du deine Aufmerksamkeit nach innen lenkst. Geh mit deinem inneren Blick einfach in den großen Zeh hinein und vergiss den übrigen Körper. Bleib vorerst nur im Zeh, schau ihn an, fühle ihn, schenke ihm Aufmerksamkeit. Dann lass diese Aufmerksamkeit deine Beine entlang aufwärts wandern, ganz langsam, ganz bewusst. Betrachte das Innere deiner Knie, deine

Beckenschale, deinen Bauch. Schau dir alles genau von innen heraus an: deine Wirbelsäule, deine beiden Achselhöhlen, deinen Herzraum, deinen Hals. Schau auch in jeden einzelnen Finger und in deine Handflächen hinein. Indem du aufmerksam und ruhig in irgendeinen Teil deines Körpers hineinschaust und dich dort konzentrierst, wird dieses Körperteil lebendig – total lebendig, total liebend. Denn Aufmerksamkeit ist Würdigung, ist Wertschätzung, ist Liebe. Die Liebe in dir wird fließen, so pulsierend und kraftvoll, dass du fühlst:

Mein Körper ist genial!
Mein Körper ist ein Wunder!
Und er dient mir!

Komm zum Abschluss deiner Reise durch den Körper, welche so lange oder so kurz dauern kann, wie du es selbst bestimmst, bei deinen Augen an. Erkenne dich als den Schauenden. Dadurch löst du die Identifikation mit dem Körper nach und nach und kannst deinen Körper als ein von dir getrenntes Objekt wahrnehmen, da du als Schauender nie das Angeschaute sein kannst. Du hast das Objekt vom Subjekt unterschieden und die Illusion, dass du dieser Körper bist, fällt von dir ab. Du würdigst und freust dich über deinen Körper und erfährst gleichzeitig dein Freisein von ihm. Du erkennst dich als das alles wahrnehmende Selbst, die universelle geistige Präsenz, die in diesem Körper zu Gast ist und ihn lediglich als ein Werkzeug des Ausdrucks benutzt. In diese Präsenz kannst du nicht eindringen, du kannst sie nicht betrachten, du kannst sie nur fühlen.

Schonungslose Selbstliebe

Du bist ein Berufener. Ein Berufener für die Freiheit, ein Berufener für die Liebe und ein Berufener für das Leben. Deshalb ist dein Leben kein Zufall. Du bist weder zufällig an diesem Ort, an dem du gerade bist, noch in dieser Situation, in der du gerade steckst, noch in dieser Rolle, die du momentan spielst oder zu spielen hast. Dein Leben folgt einer Bestimmung, einem festgelegten Plan, deinem ganz persönlichen und individuellen *Seelenplan*. Was dieser Seelenplan genau ist und was er für dein Leben bedeutet, werden wir in einem späteren Abschnitt noch ausführlicher erforschen. Fürs Erste genügt es, dir nur darüber bewusst zu werden, dass deine Aufgabe nicht darin besteht, diesem Plan die Richtung zu weisen, sondern nur darin, ihm nicht im Wege zu stehen.

Praktisch ausgedrückt heißt das für dich im Grunde nur, deinen leistungsorientierten, planenden, hoffenden, wünschenden und ständig vor sich hin brabbelnden Verstand gezielt ruhigzustellen, Zukunft und Vergangenheit rigoros zu vergessen und es deiner Seele konsequent zu erlauben, im Hier und Jetzt alle deine Facetten erfahren und auskosten zu dürfen. Oder mit anderen Worten: Liebe dich einfach für alles, was dein Menschsein ausmacht, und gestatte deiner Seele, jeden Augenblick voll und ganz zu genießen, dich zu genießen: inmitten von Freude, Heiterkeit, Traurigkeit und sogar inmitten tobenden Zorns.

Versuche nichts mehr zu vermeiden, nichts mehr zu erzwingen und alles gleichermaßen zuzulassen. Aus diesem alles-Erlauben heraus erwächst Selbstvertrauen, da dir in ihm klar wird, dass jetzt gerade nichts anders sein muss; dass du selbst niemand anderes sein musst! Du erkennst, dass in der Art, wie du bist, und in der Art, wie die Dinge liegen, alles richtig ist und es keine Fehler gibt; ja, alles ist vollkommen, alles ist tadellos und genau so, wie es jetzt gerade sein soll! In diesem klaren Bewusstsein geschieht die Erfüllung deiner Bestimmung ganz von selbst.

Ehrliche Liebe zu dir selbst und zu deinem ganzen So-sein befreit dich von allen Illusionen, die du in der Vergangenheit über dich hegtest, indem sie die Erkenntnis deines wahren, deines ewigen, deines *liebenden* Selbst mit der Zeit klar und hell in deinem Bewusstsein aufflackern lässt. Die Liebe ist das Feuer, das dein Licht in deinem Geist entfacht. Aus diesem Grund fange genau jetzt mit der bedingungslosen Selbstliebe an, entfache die Flamme, speise die Glut und liebe dich für *alles*:

Liebe deinen Körper, und zwar ganz egal, ob dein Bauch zu rund ist, die Knie zu spitz sind, die Haut zu faltig oder die Zähne zu schief:

Körper, ich liebe dich, ganz genau so wie du bist!

Liebe deine »schlechten« Angewohnheiten, liebe dein Stottern, dein Fingernägelkauen, deine schwitzenden Hände oder deine Faulheit:

Faulheit, ich liebe dich, ganz genau so wie du bist!

Liebe deine Gefühle, egal welcher Art sie auch sein mögen; liebe deine Unsicherheit, vergib deiner Eifersucht, liebkose deinen Zorn, küsse deine Unruhe, streichle deine Unausgeglichenheit und umarme deine Angst:

Angst, ich liebe dich, ganz genau so wie du bist!

Und schließlich liebe dich für alles, was du tust – auch wenn du Mist gebaut hast, auch wenn du einen Haufen Geld in den Sand gesetzt hast, auch wenn du grandios gescheitert bist, auch wenn dein Projekt vollends für die Katz war:

Auch dafür liebe ich mich!

Sage dir, so oft es dir in den Sinn kommt, dass du dich selbst für alles, ausnahmslos *alles*, liebst. Dadurch lehrst du deinen Geist, bis tief ins Unbewusste hinab, dass du liebenswert bist und auch geliebt wirst, nämlich von dir! Durch diese Geistesschulung entfaltest du Stück für Stück dein innewohnendes Potenzial und wirst ganz von allein zum Diener. Du dienst dir selbst und daraus folgt unweigerlich, dass du versuchst, alles aus dir herauszuholen: alles, was darauf wartet, ausgedrückt zu werden; alles, was tief in dir schlummert; alles, was du sein kannst!

Diene (zunächst) nur dir selbst. Überschütte dich regelrecht mit Liebe, mit Mitgefühl, mit Verständnis, mit dem, was du gerne tust, mit dem, was dir guttut, und mit dem, was dein Herz zum Singen und zum Tanzen bringt. Wenn du dich selbst der Liebe für würdig erklären, dich selbst in allem lieben kannst, dann kommt alles andere ganz von allein. Du wirst feststellen, wie andere Menschen auf einmal freundlich und sogar liebevoll auf dich zukommen, wie das Leben selbst auf dich zukommt! Du bist nicht mehr *gegen* dich, sondern *für* dich und so können nun auch andere endlich für dich sein – einfach weil sie spüren, dass du ihnen nicht mehr wehtun kannst; dass du *niemandem* mehr wehtun kannst. Einfach, weil du endlich aufgehört hast, dir selbst wehzutun.

Übung: Das Selbstliebe-Tagebuch

Vielleicht kann es dir auf dem Weg zur bedingungslosen Selbstermächtigung helfen, dir deine eigene Liebenswürdigkeit in schriftlicher Form zu bestätigen. Du kannst beispielsweise eine Art »Selbstliebe-Tagebuch« führen. In dieses Tagebuch schreibst du einfach am Tagesbeginn einen Aspekt, für den du dich heute lieben möchtest. Blättere im Laufe der Zeit – das können Wochen, Monate oder sogar Jahre sein – immer wieder durch dieses Tagebuch und du wirst feststellen: Es gibt immer einen Grund, dich selbst zu lieben!

Das Ganze könnte folgendermaßen aussehen:

Montag: *Heute liebe ich mich für diesen Körper und für mein Aussehen, ganz genau so, wie es ist.*

Dienstag: *Heute liebe ich mich für mein »Nein« und für meine Entscheidung, mir selbst gegenüber ehrlich zu sein.*

Mittwoch: *Heute liebe ich den Kuchen, den ich gebacken habe, das Bild, das ich gemalt habe, und liebe mich sogar dafür, dass ich heute meine Schuhe nicht geputzt habe.*

Donnerstag: *Heute liebe ich mich für all meine Ideen, auch wenn sie kunterbunt und ungeordnet aus mir herausprudeln.*

Freitag: *Heute liebe ich mich dafür, dass ich eine ungeliebte Pflichtveranstaltung einfach mal habe sausen lassen.*

Samstag: *Heute liebe ich mich in meinem ganzen alltäglichen Leben, ganz genau so, wie es gerade ist.*

Sonntag: *Heute liebe ich mich um meiner selbst willen und deshalb halte ich meinen Geist heute frei von Sorgen, frei von Konflikt, frei von Planung, frei von Wünschen und frei von Zukunftsdenken. Auch, wenn mir das nicht immer gelingen sollte, so bin ich doch bereit und willig zu sagen: »Ich vergebe mir und allen Beteiligten.«*

3. Praktizierte Selbstermächtigung

Wenn es einen Glauben gibt, der Berge versetzen kann, so ist es der Glaube an die eigene Kraft.

Marie Freifrau von Ebner-Eschenbach

Das Werkzeug der Wahl

Die Erfahrungen, die wir in unserem Leben machen, werden immer durch die von uns getroffenen Entscheidungen mitbestimmt. Unsere Macht, wählen zu können, was wir haben wollen, bringt uns auf dem Weg zur Selbstermächtigung voran, denn was ist Selbstermächtigung anderes als eine bewusste Entscheidung, von jetzt an für sich selbst einzustehen, auf sich selbst zu vertrauen und sich selbst die Liebe zu geben, die vorher von anderen erwartet wurde?

Praktizierte Selbstermächtigung ist nichts anderes als praktizierte Selbstliebe. Es ist eine innere Haltung, die wir durch unsere Fähigkeit zu wählen, gegenüber allem, was uns widerfährt, konsequent einnehmen können. Praktisch ausgedrückt heißt das: Wenn dir die Ereignisse und Situationen in deinem Leben nicht gefallen, dann triff aus Liebe zu dir selbst eine neue Wahl. Das Leben hört dir immer zu und wird auch immer entsprechend darauf reagieren.

Nehmen wir einmal an, die Dinge in deinem Leben laufen momentan nicht so, wie du dir das vorstellst: Vielleicht haben sich beruflich, privat oder zwischenmenschlich Stagnation, Langeweile, Frust, Konflikt, Unzufriedenheit, endlose Auseinandersetzung, Stress, ausgebrannt Sein oder Ähnliches eingeschlichen. Vielleicht fühlst du dich von deinem Partner unverstanden, vielleicht wächst in deiner Beziehung die Öde, vielleicht drehen sich deine Gedanken ständig im Kreis, vielleicht fühlst du dich beruflich unter Druck gesetzt oder vielleicht machst du deinen Job sogar nur noch des Geldes wegen, obgleich der tagtägliche Trott ins Büro dich fix und fertig macht und sich jeder neue Morgen wie ein neuer Sprung ins Haifischbecken anfühlt. Was auch immer: Du hast allzeit die Macht, Entscheidungen zu treffen. Zunächst einmal innerlich. Was danach im Außen geschieht, wird sich von selbst zeigen. Es wird sich zeigen, ob du den Job wechseln oder die Beziehung beenden sollst oder ob sich alles auf wundersame Weise ganz anders entwickeln wird. Worauf es ankommt, ist zu Beginn erst einmal nur das Innere. Und um genau das wollen wir uns jetzt kümmern.

Übung: Die Entscheidung für mich selbst

Wähle für diese Übung eine Zeit, in der du nach Möglichkeit nicht gestört wirst. Lege oder setze dich in eine für dich angenehme Position und entspanne dich, indem du dich einige Minuten bewusst auf deinen Atem konzentrierst. Hat sich innerlich Ruhe eingestellt, mache dir bewusst: Diese Situation, die dich momentan belastet, ist nicht das, was du haben möchtest. Sprich diese Tatsache gedanklich ganz offen aus:
»Diese Situation ist nicht das, was ich will. Ich liebe mich und deshalb möchte ich mich dieser Situation nicht länger aussetzen. Ich will gut zu mir sein!«

Beschreibe als Nächstes die Situation, die du nicht mehr haben möchtest, ganz konkret:

»Nein, ich will nicht länger jedem alles recht machen müssen! Ich will es mir selbst recht machen!«

»Nein, ich will nicht länger immer Ja und Amen zu etwas sagen, das ich eigentlich gar nicht möchte! Ich will zu mir selbst stehen!«

»Nein, ich will nicht länger Sklave anderer sein! Ich will frei sein!«

»Nein, ich will nicht länger von der Liebe meines Partners abhängig sein! Ich will mich selbst lieben!«

»Nein, ich will mich nicht länger Dingen und/oder Menschen aussetzen, die mir nicht guttun! Ich will gut zu mir sein!«

Lass dir viel Zeit mit dem Sprechen dieser Sätze. Lass die machtvolle Aussage, die in ihnen steckt, tief und intensiv auf dich wirken. Deine Entscheidung ist gefallen. Beschließe die Übung mit deinen ganz eigenen Worten, du kannst zum Beispiel sagen:
»Das, was ich möchte, das wähle ich aus Liebe zu mir selbst. Das, was ich nicht möchte, lasse ich aus Liebe zu mir selbst los. Die Macht der Entscheidung ist mein. Ich kann Frieden, Freiheit, Vergebung, Güte, Verständnis und sogar Wunder wählen und darum bitten – jeden Tag aufs Neue. Und genau das tue ich jetzt!«

Wende diese Übung an und erlaube dir so, auch einmal ganz offen Nein zu Dingen oder Menschen sagen zu dürfen, die du nicht willst und die dir nicht guttun. Es ist keine Liebe, es immer allen anderen recht machen zu wollen und sich selbst dabei »aufzuopfern«. Es ist auch keine Liebe, zu allem und jedem immer nur Ja zu sagen. Bedenke: Warum sagst du überhaupt Ja zu etwas, das du eigentlich nicht willst? Warum sagst du Ja dazu, wenn dein Partner von dir verlangt, mit ihm in die Berge zu fahren, obwohl du eigentlich viel lieber einen Städtetrip machen würdest? Warum sagst du Ja dazu, wenn deine Freundin oder deine Schwester dich wieder einmal dazu einspannen möchte, auf ihre Kinder aufzupassen, obwohl du eigentlich schon etwas anderes vorhattest? Warum?

Werde dir darüber bewusst: Du bist kein schlechter Mensch, nur weil du auch einmal Nein zu etwas sagst. Im Gegenteil, du bist nur ehrlich und aufrichtig zu dir selbst! Du tust nur das, was sich für dich richtig anfühlt, und verbiegst dich nicht länger für andere – was ist daran verkehrt? Und auch wenn du vielleicht deinem Gegenüber bisweilen mit deinem Nein vor den Kopf stoßen solltest oder sie dich vielleicht sogar deswegen ablehnen: Liebe dich für dein Nein! Wer einen anderen Menschen ablehnt, nur weil dieser aufrichtig zu sich selbst und seinem Empfinden steht, so kann dieser Jemand noch nicht begriffen haben, was Liebe heißt: nämlich Ehrlichkeit.

Um Missverständnissen vorzubeugen: Der Aufruf, auch einmal Nein zu sagen, ist kein Aufruf zur grenzenlosen Egomanie, absolut nicht! Es ist einzig und allein ein Aufruf, endlich deine eigenen Bedürfnisse zu achten. Du bist nicht der Hüter deines Bruders, du musst dich für niemanden aufopfern, wenn du das nicht willst! Wenn dein Partner in die Berge will: Okay, soll er in die Berge fahren! Muss man in einer Beziehung immer alles gemeinsam unternehmen? Wird die Welt gleich untergehen, nur weil man einmal getrennt Urlaub macht? Erhält die Beziehung durch diesen Abstand, diese Atempause, nicht vielmehr ein Stück notwendiger Frische und Zwanglosigkeit zurück?

Ein Nein kann manchmal sehr heilsam sein. Heilsam für eine Beziehung, heilsam für einen selbst und heilsam für das ganze Leben. Ich selbst musste dieses Neinsagen im Laufe meines Lebens oft erst mühsam und Schritt für Schritt lernen, oder besser gesagt: Für mich ist es zu einem lebenslangen Lernen geworden! Es ist doch immer das Gleiche: Da denkt man, man habe es nun endlich geschnallt, den Stein der Weisen endlich in der Tasche, und schon ertappt man sich wieder aufs Neue dabei, lieber mal schnell ein bequemes Ja herauszuplappern anstatt eines ehrlichen Neins. Wie heißt doch der Spruch: »Alte Gewohnheiten sterben langsam.« Immer auf der Hut sein, immer wachsam und aufmerksam bleiben, bevor man wieder in die alte Falle tappt. Die Mühe lohnt sich wirklich, denn die Erfahrung hat mir eines bewiesen: Bin ich ehrlich zu mir selbst, liebe ich mich genug, um konsequent Nein zu sagen, wenn ich Nein sagen will, dann reagiert auch meine Umwelt mit Ehrlichkeit und Liebe.

Hätte mir das früher jemand gesagt, hätte ich für diesen Jemand wohl nicht viel mehr übrig gehabt als ein müdes, mitfühlendes Lächeln, doch erst kürzlich durfte ich dieses Wunder von Neuem erleben.

In meinem Familienkreis war es im Laufe der Jahre zur festen Tradition geworden, dass sich die ganze Familie zu Weihnachten bei meinen Eltern zum gemeinsamen Festessen traf. Von überall her trudelten die verstreuten Mitglieder der Familie ein: Tanten, Onkel, Geschwister, Enkel usw. Viele hatten das Jahr über kaum oder keinen Kontakt zueinander und so kam es dann nicht nur dazu, dass nur allzu oft der Gesprächsstoff ausging, wenn die Themen »Wetter«, »Wirtschaft« und »Sport« erschöpft waren, sondern auch, dass dieses gezwungene Treffen für mich (und vermutlich auch für die anderen) mehr und mehr zur stressigen Pflichtveranstaltung mutierte.

Auch in jenem Jahr rückte also das Weihnachtsfest näher und mein Unbehagen in Erwartung oberflächlichen Geplänkels und peinlichen Schweigens wuchs. Ich spürte ganz deutlichen Widerstand in mir und zum ersten Mal traute ich mich, mir dies innerlich auch einzugestehen. Und so sagte ich zu mir selbst: »Nein, ich will nicht zu diesem Treffen! Ich will meine Ruhe!«

Okay, der erste Schritt war also geschafft: Ich hatte es mir eingestanden. Doch wie sollte ich das meinen Eltern beibringen? Die folgenden Tage verbrachte ich nun also damit, mir geeignete Ausreden auszudenken, die mein Fernbleiben entschuldigen könnten. Ich könnte ja vorgeben, krank zu sein. Oder, dass mein Auto kaputt wäre. Oder, dass ich aufgrund meiner OP (ich befand mich zu der Zeit in der Rekonvaleszenz nach einer Gehirnblutung) zu schwach wäre. Doch irgendwie fühlte sich das alles nicht ehrlich für mich an. Ich musste mich also wohl oder übel darauf gefasst machen, meinen Eltern die Wahrheit beizubringen: Ich hatte keine Lust!

Eines Tages, kurz bevor ich das Unabwendbare in Angriff nehmen wollte, klingelte das Telefon. Es war meine Mutter. Sie sagte: »Kind, ich hätte dieses Jahr einen ganz besonderen Weihnachtswunsch an die ganze Familie.« Ich erkundigte mich, was das für ein Wunsch sei, und sie meinte: »Könntet ihr euch dieses Jahr nicht selbst etwas Leckeres kochen? Ich hätte so gerne einmal ein Weihnachten ohne Stress, ohne stundenlanges Kochen und Abwaschen. Einfach ruhig und gemütlich auf der Couch!«

Ich war sprachlos. Wie vom Blitz getroffen. Ich starrte vor mich hin, wie jemand, der auf der Straße gerade einen Affen auf einem Fahrrad hat vorbeifahren sehen. Auf die Idee, dass meiner Mutter das Ganze vielleicht zu viel werden könnte, war ich in meiner Hitzigkeit natürlich nicht gekommen! Im Gegenteil: Ich hatte gedacht, ich würde meinen Eltern das Herz brechen! Gedacht, ich würde mich des Verrats an der Familie schuldig machen! Tja, falsch gedacht. Alles fügte sich für jeden zum Besten und das nur durch ein kleines bisschen Ehrlichkeit! In dem Moment, in dem ich endlich ehrlich zu mir selbst war, konnten auch andere ehrlich zu sich sein und so verliefen diese Feiertage so ganz anders als üblich und jeder war zufrieden damit.

Indem wir uns aus Liebe zu uns selbst die Freiheit erlauben, Nein zu sagen, zu dem was wir nicht wollen, und zu dem, wovon wir fühlen, dass es uns nicht guttut, und auch danach handeln, stehen wir für uns selbst ein. Doch wie das Beispiel der Weihnachtsfeier zeigt: Auch der Geist unserer Mitmenschen hat diese Freiheit, sich die eigenen Bedürfnisse erfüllen und Nein sagen zu dürfen. Und vielleicht erleben wir es dann, so wie ich, dass auch unser Gegenüber beginnt, offen für seine eigenen Bedürfnisse einzustehen. Der Grund dafür ist, dass, immer wenn wir unsere machtvolle Gabe der Wahl anwenden, wir auch unseren Mitmenschen das geben, was in der Vergangenheit nicht gegeben wurde: nämlich Freiheit!

Das Dogma vom Müssen

Die Erlaubnis zur Freiheit ist das wichtigste Kriterium auf unserem gemeinsamen Weg hin zu einem wachen und authentischen, selbstbestimmten Leben. Denn das wahre Leben *ist* frei: Alles darf, nichts muss. In unseren Köpfen allerdings herrscht häufig vielmehr das Gegenteil vor: Alles muss, nichts darf. In der Regel schon von Kindesbeinen an wird uns dieses Prinzip eingetrichtert, z. B. in der Schule, wo wir lernen »müssen«, Hausaufgaben machen »müssen« und ein gutes Benehmen an den Tag legen »müssen«. Kein Wunder, dass wir (bewusst oder unbewusst) oft glauben, das Leben bestehe aus nichts anderem als einer einzigen großen Aneinanderreihung von Pflichten! Die Wahrheit aber ist glücklicherweise eine andere, denn in Wahrheit läuft jede Art von »Müssen« dem wirklichen Leben zuwider. Werfen wir doch nur einmal einen Blick in die Natur: Dort darf sich alles ungehindert ausdrücken und entfalten, scheinbar sogar ins allergrößte Chaos stürzen und doch regeln sich am Ende alle Dinge nach ihrer ganz eigenen Ordnung. Es entstehen ganze Welten, ganze Galaxien, und keiner »muss« irgendetwas dafür tun.

Das wirkliche Leben ist wie ein wilder, kraftvoller Fluss: Manchmal fließt er ruhig und gemächlich dahin, manchmal plätschert er vergnügt und spielerisch von Stein zu Stein, ein anderes Mal saust er stürmisch und tollkühn über Felsen und Klippen und wieder ein anderes Mal verwandelt er sich in eine einzige reißende Stromschnelle und tanzt einen heißen und leidenschaftlichen, ekstatischen Tanz mit sich selbst. Der Name dieses Flusses ist »Ich darf«: Alles darf, alles! Hier wohnen das Abenteuer, die Dynamik, das Leben!

Der Fluss des »Ich muss« dagegen ist der Bezeichnung

»Fluss« eigentlich gar nicht würdig. Vielmehr ist er ein brackiges, begradigtes Rinnsal, das fast seiner ganzen ursprünglichen Kraft und Vielfalt beraubt ist. Müde und träge schleppt es sich dahin, immer geradeaus, immer ebenmäßig, immer vorhersehbar, an jeder Stelle gleich. Hier gibt es nicht mehr viel: keine Fische, die munter mit den Wellen tanzen, keine Steine, an denen die Gischt branden könnte, keine Klippen und Abhänge, die Abenteuer versprechen würden, und keinen sprudelnden Sauerstoff, der das Wasser spritzig und lebendig halten würde. Hier wohnen der Stillstand, die Verwesung, der Tod.

Häufig erzählen mir Menschen in meinen Meditationsgruppen: »Ich fühle mich ständig ausgelaugt und müde und gleichzeitig angespannt und nervös.« Die augenscheinlichen Gründe dafür sind oft ganz unterschiedlich, manchmal liegen sie im Job, manchmal in der Beziehung und manchmal in der Familie. Doch fast immer stellt sich im Laufe des Seminars dann der wahre Grund für ihr Empfinden heraus, nämlich der unbewusste Glaube, etwas zu »müssen«: Etwas *tun* zu müssen, etwas *darstellen* zu müssen, sich um alles und jeden *kümmern* zu müssen und so weiter.

Es sind stets die gleichen alten Muster, die die Menschen belasten und bekümmern: Ich muss dies, ich muss das, ich muss jenes! Doch wer sagt eigentlich, dass wir immer nur »müssen«? Die Antwort ist: Jeweils nur unser eigener Verstand! Sätze wie »Ich muss etwas tun und etwas erreichen«, »Ich muss mich an andere anpassen«, »Ich muss an meine Zukunft denken« oder »Ich muss mich zurückhalten« sind seine Dogmen, die er von System und Gesellschaft gelernt und übernommen hat. Vielleicht sagt dir ja dein Verstand ähnliche Dinge? Dinge wie *»Ich muss in meiner Rolle bleiben«, »Ich muss vernünftig sein«, »Ich muss an mein Image* denken« oder, einer seiner altbewährten Klassiker: »*Ich muss eine gute Ehefrau/ein guter Ehemann sein.*«

Was immer unser Verstand auch sagt: Du musst nicht! Höre in diesen Dingen nicht auf ihn, das alles sind nichts weiter als eingeimpfte Phrasen, gesellschaftliche Konditionierungen, moralische Scheinrealitäten, prinzipienverhaftete Gitterstäbe! Glaube den angelernten Binsenweisheiten deines Verstandes nicht, sondern hör auf dein Herz und lausche, was es zu der ganzen Sache sagt. Kannst du seine stille Antwort hören? Die Antwort, die lautet:

> *»Ich muss nichts, was ich nicht will!*
> *Ich bin frei!*
> *Ich bin frei, das zu tun, was ich als richtig empfinde und wonach ich mich sehne!«*

Wende dich ruhig deinem Herzen zu, es beißt nicht! Trau dich, dem zu glauben, was es dir sagt, denn dein Herz besitzt seine eigene Art von Intelligenz. Es weiß, was gut für dich ist – in jeder Situation! Würde jeder Mensch nur auf sein Herz hören und nur das tun, was er wirklich tun will, wäre diese Welt innerhalb kürzester Zeit ein Paradies. Ungezwungen und frei, lachend und entspannt, menschlich und human, physisch wie psychisch gesund.

Mache dir klar: Das *Dürfen* deines Herzens ist dein Licht und deine Kraft. Du musst nicht schwer und träge sein, nein, wenn du möchtest, *darfst* du dich wie ein Schmetterling in den Himmel erheben, *darfst* du nach den Sternen greifen, *darfst* du göttlich werden! Und genau aus diesem Grunde bist du hier: Du bist hier, den Himmel auf die Erde zu bringen! Indem du dir erlaubst, alles zu dürfen, was deinem Herzen Freude bringt, befreist du dich Schritt für Schritt aus dem kalten, schummrigen Gefängnis des »Ich muss«, mitsamt seinen ungezählten Pflichten, Regeln, Geboten und Konzepten, und trittst hinaus in das strahlende Licht und die wohltuende Wärme des echten Lebens. Du bist kein Gehetzter und Gejagter mehr, dem bei jeder Kleinigkeit die Nerven flattern und der zwanghaft denkt: »Ich muss mich um alles kümmern; ich muss Geld verdienen; ich muss eine tolle Geschäftsidee finden; ich muss den Laden zum Laufen bringen!«, sondern ein *Freigelassener*, der in jeder Situation stoisch abgeklärt und gelassen bleibt, einfach weil er weiß: »Mir kann nichts passieren! Ich habe nichts zu verlieren! Deshalb darf ich glücklich sein; darf ich Geld verdienen; darf ich kreativ sein; darf ich erfolgreich sein! Ich darf alles sein! Und wenn es heute nicht klappt? Dann probiere ich es morgen einfach aufs Neue!«

Im *Ich darf* leuchtet unsere Seele auf, da wir im Dürfen erkennen, dass unser wahres Wesen der ewigen Freiheit angehört. Jedes Mal jedoch, wenn wir glauben, etwas zu »müssen«, legen wir dieser Freiheit Fesseln an. Wir vergessen unsere Flügel und verlernen das Fliegen. Deshalb, mein tapferer Krieger der Freiheit, bleibe stets wachsam und aufmerksam. Und immer, wenn du bemerkst, wie du dich wieder einmal im gedanklichen Muster des Müssens zu verlieren drohst, lass es schnell und gezielt los. Alles, was dazu nötig ist, ist, deine Gedanken im selben Moment zum *Ich darf* hin zu ändern.

Dazu ein paar Fallbeispiele aus meinem ganz eigenen Repertoire:

»Ich muss kämpfen!«
»*Alles darf ganz mühelos geschehen.*«

»Ich muss das heute unbedingt noch fertig machen!«
»*Ich darf ruhig und konzentriert arbeiten, ohne mich verrückt zu machen. Und ich darf Schluss machen, wann immer ich will.*«

»Ich muss mich heute bei diesem wichtigen Meeting gut verkaufen, mich beweisen und meine Kollegen für mich und meine Idee einnehmen!«
»*Ich darf ganz gewöhnlich, ganz natürlich und einfach ich selbst sein.*«

»Ich muss etwas werden, muss mich ändern und muss etwas ›Besonderes‹ erreichen!«
»*Ich darf auch ›nichts‹ sein und mich gut dabei fühlen.*«

»Ich muss anderen nach dem Mund reden und mich verstellen!«
»*Ich darf offen und ehrlich sein.*«

»Ich muss beliebt, berühmt und von meinen Mitmenschen anerkannt sein!«
»*Ich darf mich selbst lieben, mich selbst anerkennen und mich selbst würdigen.*«

»Ich muss mich rechtfertigen!«
»*Ich darf ruhig und still sein.*«

»Ich muss perfekt funktionieren!«
»*Ich darf Fehler machen und aus ihnen lernen.*«

»Ich muss immer für alles eine Lösung oder Erklärung parat haben!«
»*Ich darf ins nicht-Wissen eintreten.*«

»Ich muss ständig geschäftig, gehetzt und rastlos sein!«
»*Ich darf den ›Leerlauf einlegen‹ und auch einmal gar nichts tun.*«

»Ich muss tun, was andere von mir erwarten!«
»*Ich darf tun, was ich will, was meine Seele will.*«

Diese Beispielsätze entstammen, wie gesagt, meinen eigenen Erfahrungen, entweder mit mir selbst oder den Menschen in meinen Seminargruppen. Sie müssen nicht zwangsläufig auch dir entsprechen, doch vielleicht können sie dir als Anregung behilflich sein, deine eigenen unbewussten »Ich muss«-Muster zu erkennen und abzulegen.

Jedes Mal, wenn ein »Ich muss« abgelegt wird, entsteht im Geist eine Art Freiraum, ein Gefühl einer großen Erleichterung: Das Herz schlägt leichter, man fühlt sich wieder ruhig und ausgeglichen und das frohe und unkomplizierte *Ich darf* beginnt langsam in der Seele aufzuleuchten und zu strahlen. Und selbst wenn du das nächste Mal in eine arge, in eine unangenehme, in eine ganz und gar vertrackte Situation gerätst, eine Situation, in der du glaubst, unbedingt reagieren zu »müssen«, vielleicht, wenn sich jemand über dich lustig macht oder deine Arbeit ins Lächerliche zieht – sogar dann kannst du den geheimen, zauberhaften Wechsel zum Dürfen vollziehen:

»Ich muss mich wehren, muss reagieren, muss zurückschlagen!«
»*Ich darf dem anderen vergeben. Ich darf mir vergeben. Ich darf im Frieden sein.*«

Probier diese Umkehr im Denken aus! Mach dir dein eigenes Bild davon und du wirst merken, du fühlst dich auf einmal wieder ganz besonnen und konzentriert und der Drang zurückzuschlagen ist verschwunden!

Im Dürfen tritt Entspannung ein. Die Spannung wird gelöst und Angenehmes wie Unangenehmes wird gleichgültig – nicht im Sinne von egal, sondern im Sinne von gleichermaßen gültig. Alles *darf* kommen und gehen. Das ist deine neue Position, Krieger: Du bist keine Spielfigur mehr, die in diesem Spiel von müssen und nicht müssen, mögen und nicht mögen, Sympathie und Antipathie von Pol zu Pol hetzt, sondern stehst in aller Seelenruhe *über* dem Spiel. Du hast den Schalter deiner Perspektive umgelegt und bist von der Spielfigur zum Zuschauer geworden, der unbekümmert und gleichmütig das vielfältige Geschehen vor sich auf dem Spielbrett beobachtet. In diesem Bewusstsein lässt du deine Spielfiguren einfach sanft und mühelos vom Leben dorthin bewegen, wo es sie gerade haben will. Ohne Urteil. Ohne Groll. Ohne Schmerz.

»Ich darf« heißt »Ich erlaube«. Im Dürfen erlaubst du dir, glücklich zu sein – mit dem, was ist und mit dem, was du willst. Mache dir klar: Du musst *nichts*, außer vielleicht dir an diesem Punkt eine einzige letzte Frage stellen: Liebst du dich selbst genug, um die Wandlung vom »Ich muss« zum »Ich darf« jetzt herbeizuführen? Oder anders gefragt: Liebst du dich selbst genug, um die Verwandlung von der ungelenken Raupe zum grazilen Schmetterling jetzt zuzulassen?

Übung: Vom Müssen zum Dürfen

Entspann dich und fühl dich tief in deinen Körper hinein. Empfinde sein Atmen und Strömen und erlaube nun, dass alle unbewussten »Ich-muss«-Muster in dir auftauchen, denen du eventuell noch unterliegst. Bedenke, dass jedes dieser Muster oftmals genau das ist, was du an dir ablehnst oder dir selbst nicht erlaubst. Indem du es dir bewusst machst, kannst du von ihm ablassen. Sage einfach nur still in Gedanken:

»Alles darf jetzt kommen. Alles darf mir jetzt bewusst werden.«

Und dann achte darauf, ob etwas kommt. Vielleicht Gedanken wie:
»Ich muss mehr für meine Beziehung tun«,
»Ich muss für andere da sein«,
»Ich muss anderen gefallen«,
»Ich muss etwas tun« oder
»Ich muss mehr lieben«.

Was auch immer kommen mag oder nicht: Stell dir nun dieses »Ich muss« als ein Blatt alten, grauen Zeitungspapiers vor, das dein Herz umwickelt und verhüllt hält. Nimm jetzt in Gedanken dieses Blatt (oder vielleicht sind es auch mehrere) von deinem Herzen weg, zerknülle es und wirf es weit von dir fort oder, noch besser, wirf es in ein hell loderndes, imaginäres Feuer. Schau zu, wie dieses uralte Muster zu Asche verbrennt!

Spüre, wie dein Herz mit jedem Blatt, das du von ihm abnimmst, immer heller und heller zu strahlen beginnt, bis es irgendwann so hell leuchtet, dass es dein ganzes Bewusstsein komplett auszufüllen beginnt. Jetzt gibt es nichts mehr zwischen dir und deinem Herzen, nichts mehr zwischen dir und deinem wahren Selbst, außer einem frohen und lebendigen *»Ich darf!«*

Das Märchen von Moral und Unmoral

Unsere Welt ist eine Welt der Ideale. Schon von Kindesbeinen an lernen wir, was alles zu einem gut gelebten Leben gehört: eine gute Ausbildung, eine gute Karriere, ein gutes Einkommen, eine gute Beziehung (oder eine gute Ehe?), ein gutes Selbstbewusstsein, ein gutes Auftreten, ein guter gesellschaftlicher Status und und und. Die Liste der bürgerlichen, ethischen, moralischen und ökonomischen Idealvorstellungen, Konventionen und Doktrinen ist lang und alle haben sie eine unterschiedliche Auffassung darüber, was denn nun eigentlich »gut« ist und was nicht: Was für den Manager »marktkonform« und durchaus »gerechtfertigt« ist, ist für den (gefeuerten) Angestellten »korrupt« und »skrupellos«; was für den braven Buchhalter »anarchisch« ist, ist für den Punk »unabhängig«; was für die übervorsichtige Mutter eine »halbe Schwangerschaft« ist, ist für die pubertierende Tochter ein »harmloses Kuscheln«.

Jeder Mensch hat seine eigene Auffassung von »gut« und »schlecht«. Schon allein aus diesem Grund ist jede Art von Ideal eine Illusion. Egal, was man auch tut, man kann es nicht erreichen, weil es für jeden etwas anderes bedeutet. Dennoch werden die Gesellschaft, die Politik, die Medien, die Bildungssysteme und allen voran die Konsumgüterindustrie nicht müde, uns auch weiterhin ihrer subtilen Gehirnwäsche zu unterziehen, uns immer neue Idealvorstellungen in die Köpfe zu pflanzen, immer neue Bedürfnisse zu wecken und auf diese Weise latente Unzufriedenheit zu säen. So wird das nichts mit dem Glück!

Ideale sind ein Streben nach Perfektion und Perfektion ist unmöglich. Die Folge ist, dass wir uns abmühen, »besser« zu werden, uns mit anderen vergleichen und so unsere Einzigartigkeit stillschweigend leugnen. So hält die Gesellschaft uns unter Kontrolle, macht sie uns abhängig und erlangt Macht über uns: Weil wir uns schuldig fühlen, ihren Idealen nicht zu genügen.

Doch Ideale sind eben nur von Menschen gemachte Vorstellungen, also nicht real. Oder hast du schon einmal einen »idealen« Baum gesehen? Ein »ideales« Blatt? Nein? Wie auch, ist doch keines der hunderttausend Blätter eines Baumes wie das andere! Es gibt nicht *den* Prototypen. Das gleiche gilt für uns Menschen: Es gibt einfach nicht *den* »Perfekten«, nicht einmal den perfekt Unperfekten.

Wieso beginnen wir nicht, erneut von der Natur zu lernen? Vom Wilden, vom Unperfekten, vom Einzigartigen, vom Unmoralischen?

Unmoralisch – das Tabuwort ist gefallen! Dieses Wort wird von den meisten Menschen nur höchst ungern in den Mund genommen, denn es ruft in vielen von uns automatisch die Assoziation von »böse« hervor. Aber warum? Ist nicht auch Moral lediglich etwas Erfundenes, etwas Künstliches, etwas Aufgezwungenes und dem Zeitgeist Unterworfenes? Eine mentale Zwangsjacke, eine puritanisch-strenge Sittenpolizei, die in unseren Köpfen hockt wie in einer Amtsstube und uns davon abhält, unsere eigenen Erfahrungen zu machen, indem sie uns stattdessen immer schon im Vorfeld sagt, was »richtig« und was »falsch«, was ethisch vertretbar und was verwerflich ist?

Moral ist nichts anderes als eine von anderen übernommene Meinung über »gut« und »schlecht«; ein Urteil, welches gefällt wird, ohne je zur eigenen Erkenntnis darüber gelangt zu sein.

Erst die eigene Erkenntnis macht Moral »echt«. Und die *echte*, die natürliche, die individuelle, die autonome Moral ist in jedem Menschen tief verwurzelt, sozusagen als »seelisches Gewissen«[4]. Dieses seelische Gewissen ist echt, weil sich in ihm der Mensch die Freiheit herausnimmt, seine *eigene* Erkenntnis über den Wert einer Handlung zu erlangen. Er erlaubt sich, selbst darüber nachzudenken und zu einem eigenen Urteil darüber zu kommen.

Gewissen kommt von Wissen. Das lateinische Wort für Gewissen ist *Conscientia*, was wörtlich übersetzt »Mit-Wissen« bedeutet. Die einzige notwendige Fähigkeit, dieses »Mit-Wissen« zu erlangen, ist Einfühlungsvermögen (oder auch: *Mitgefühl*). Jemand, der sich in einen anderen hineinfühlen bzw. hineinversetzen kann, der kann dessen Beweggründe nachvollziehen und seine Gefühle im eigenen Herzen spüren. Er spürt dessen Leid, dessen Schmerz, Freiheitsdrang, Brennen oder Sehnsucht und kann dadurch die Handlungen seines Gegenübers nachvollziehen und begreifen. Er begreift, warum er oder sie vielleicht seine Familie verlassen »musste«, er begreift, warum er oder sie jemand anderen verletzen »musste« oder warum er oder sie etwas total »Unmoralisches« tun

---

[4] In der analytischen Psychologie Carl Gustav Jungs auch »ethisches« Gewissen genannt.

»musste«. Ein Mensch mit Einfühlungsvermögen begreift und versteht es – ohne es zwangsläufig gutheißen zu müssen.

Seelisches Gewissen, dieses eigene tiefe Verständnis über »gut« und »böse«, »gerechtfertigt« und »ungerechtfertigt«, »moralisch« und »unmoralisch«, genügt, um uns den Weg zur Menschlichkeit zu weisen. Wird es durch eigenes Nachdenken, eigenes Einfühlen zum Vorschein gebracht, dann braucht es keine generalisierte Moral mehr, die uns mit erhobenem Zeigefinger sagt, was wir tun und was wir besser lassen sollten – weil wir es tief in uns selbst wissen.

Die wahre Moral, die wahre Ethik, die wahre Menschlichkeit kann nicht »anerzogen« werden – sie kann nur »erweckt« werden: durch eigenes Nachdenken und eigenes Einfühlen.

Das Leben ist weder perfekt noch moralisch. Schauen wir auch hier noch einmal in die Natur: Die Natur ist weder »gut« noch »böse«, weder »für« noch »gegen« etwas. Sie ist einfach, wie sie ist: zärtlich *und* grausam, erschaffend *und* zerstörend, gebend *und* nehmend – alles zur gleichen Zeit. Nichts wird erhöht, nichts erniedrigt; nichts wird glorifiziert, nichts verdammt. Stattdessen darf sich alles gleichermaßen entfalten, alles sich ausdrücken, alles *leben*. Frei, ungehindert, sorglos, schuldlos. Das ist das Leben und wir alle sind Kinder des Lebens. *Du* bist ein Kind des Lebens! Wirf das Streben nach Perfektion und das Klammern an Moralvorstellungen über Bord und du nimmst wieder deinen angestammten Platz in der Wiege des Lebens ein. Sei gewiss: Das Leben wartet nur auf deine Rückkehr! All die Jahre hat es das Feuer deiner Seele für dich vor dem Verlöschen bewahrt, all die Jahre hat es den Strom, vor dem du Dämme und Barrikaden errichtet hast, am Leben gehalten, im Wissen, dass du irgendwann zu ihm zurückkehren würdest.

Freue dich, dass es da noch immer etwas Wildes, etwas Leidenschaftliches, etwas total Lebendiges in dir gibt, ja vielleicht sogar etwas total Unmoralisches! Freue dich, dass in dir noch immer das kleine, unschuldige Kind des Lebens auf dich wartet, das nicht Erwachsene, das Unvernünftige, das Übermütige, das Verrückte, das Enthusiastische. Freue dich und sei dankbar! Sei dankbar für jeden närrischen Tag, an dem dieses Kind in dir die Führung übernimmt und du nur das tust, was du wirklich aus tiefstem Herzen heraus tun willst, ohne dich im Anschluss dafür schuldig zu fühlen.

Ab und zu, in unseren »kindischen« und »verrückten«, *lebendigen*, Augenblicken, schickt das Kind in unserem Herzen einen Lichtstrahl nach außen. In diesen ungehemmten, intensiven Augenblicken totaler Lebendigkeit vergessen wir den ganzen Perfektionismus, die ganze Moral, die Hektik, das Vergleichen, das gefallen-Wollen und alles Besser-sein-Müssen. Wir vergessen auch alle unsere selbst gezogenen Grenzen und schwimmen leidenschaftlich und ekstatisch mit dem Fluss des Seins. Wir vergessen uns selbst als Person – und erinnern uns im gleichen Moment an etwas viel älteres und tieferes. Wir erinnern uns an die lang, lang vergessene, funkelnde Schatztruhe, die schon seit Urzeiten in unserem Herzen vergraben lag und nur auf unsere Entdeckung gewartet hat. Und fürwahr, was wir in dieser Schatztruhe finden, ist tausendmal mehr wert als jedes Gold und jeder Edelstein dieser Welt! Was wir entdecken, ist unser wahres Ich: ein liebreizendes, strahlend-unschuldiges Wesen, das gerne lacht, gerne Schabernack treibt und am liebsten wie ein neugeborenes Fohlen keck und neugierig durchs Leben tollen möchte!

Im Heben des Schatzes, im Erkennen unseres wahren Ichs, kommt das ewig Lebendige zu uns zurück. Alles Aufgezwungene und Übergestülpte fällt ab und macht dem Empfinden Platz, dass das Leben gut und schön ist: Unmoralisch, aber ewig gerecht. Unperfekt, aber ewig makellos. Unstet, aber ewig liebend. Nicht ernst zu nehmen, aber ewig strahlende Würde.

Im »echten« Leben geschieht alles ganz ungezwungen, ganz natürlich und ganz spontan. Alles geschieht so, wie es geschehen soll, und das immer genau zum richtigen Zeitpunkt. Es gibt keine bessere Richtschnur, nach der wir leben und lieben lernen könnten. Das Leben, die Natur, ist der einzige und beste Lehrmeister! Im Loslassen unserer Sucht nach Perfektion, im Loslassen aller Ideale und Moralvorstellungen beginnen wir, *wirklich* zu leben. So, als wären wir die ersten Menschen. So, als wäre die Welt ein heiliger Ort, an dem jeder kleine Grashalm, jeder Stein und jedes Vogelgezwitscher sein eigenes Universum in sich bürge, das nur darauf wartet, von uns neugierigen Kindern staunend entdeckt, und lachend erkundet zu werden.

Es hängt alles von uns ab – von dir. Davon, von wem du lernen möchtest. Möchtest du von der Natur lernen, vom Leben, und damit das Lachen, das Dürfen, das Staunen und das ? Oder bevorzugst du es, von der Gesellschaft, von der Masse, zu lernen und damit den Ernst, das Müssen, das Langweilen und das achtlose Vorübergehen?

Lass dir bei deiner Wahl eines gesagt sein, Krieger: Wählst du das Leben als deinen Lehrmeister, dann lerne, über das Leben zu lachen, *mit* dem Leben zu lachen. Hör auf, es weiterhin so todernst zu nehmen, sondern beginne vielmehr, es voll und ganz auszukosten und zu genießen, mit all seinen herrlichen Facetten!

Fang an, alles zu genießen, was das Leben ausmacht, was *dich* ausmacht: die ruhigen Tage ebenso wie die stürmischen, die Stille ebenso wie die Hektik, den Erfolg ebenso wie den Misserfolg, das Schöne ebenso wie das Hässliche. Genieße alles, was kommt – und wenn dir dieses mal nicht gelingen sollte, dann lach einfach drüber! Dazu gibt es ein kluges, altes Sprichwort: »Wer nicht über sich selbst lachen kann, der nimmt das Leben nicht ernst genug.« Humor ist das Schwert des Glücklichen. Der indische Mystiker Osho sagte einmal: »Sei dir selbst ein Witz, der dich erheitert!« Und er hatte recht: Im herzlichen Lachen zieht man jedem Leid sofort den Zahn! Und ohne Leid kann das Leben zu einer einzigen großen Kette von Freude werden, eben *weil* es vollständig und ganz ist und du es so sein lässt.

Die Erlaubnis zu diesem unbeschränkten, großartigen kann niemals jemand anderer geben als du selbst. Du darfst alles sein, wozu du dir selbst die Erlaubnis gibst. Du darfst gesund sein, du darfst faul sein, darfst kindisch sein, darfst verrückt sein und es genießen, darüber lachen und deine Freude daran haben. Du darfst gewinnen, weil es nichts zu verlieren gibt! Mach eine Meditation daraus!

Übung: Die Erlaubnis

Nimm dir etwas Zeit, setze oder lege dich bequem hin und erlaube dir mit dieser kleinen Übung alles. Erlaube dir, das Leben voll und ganz auszukosten und genießen zu dürfen. Damit erlaubst du dem Leben, endlich auch dich voll und ganz auszukosten und zu genießen.

Begib dich einfach in die Stille und sprich in Gedanken alles aus, was dir in den Sinn kommt:

»Ich darf mich gut fühlen – und es genießen!«

»Ich darf über den ›Ernst‹ des Lebens und all die Absurditäten darin lachen – und es genießen!«

»Ich darf souverän und schlagfertig sein – und es genießen!«

»Ich darf mir vorstellen, dass ich alleine mit meinem so-Sein unvorstellbare Schätze in diese Welt mitgebracht habe – und diese Vorstellung genießen!«

»Ich darf gut zu mir sein, in jeder Situation – und es genießen!«

»Ich darf meinen Körper schön finden und wertschätzen – und ihn genießen!«

»Ich darf in einer Beziehung glücklich sein, all ihre Höhen und Tiefen erfahren – und sie genießen!«

»Ich darf Ruhe haben, darf langsam sein – und es genießen!«

»Ich darf allein sein, darf den Frieden in mir finden, in ihn eintreten – und ihn genießen!«

Wenn du möchtest, kannst du dir einige deiner Erlaubniserklärungen auch aufschreiben, eine Karte oder sogar ein Poster daraus machen und es dort hinhängen, wo du dich oft aufhältst. So kannst du dich auch im Alltag immer wieder schnell daran erinnern, dass du alles genießen darfst. Alles, was jetzt gerade in deinem Leben ist.

Das Opfersyndrom

Mittlerweile ist klar, dass Lieben Dienen ist; ein Dienen ohne jede Erwartung, ob und was man zurückerhält. Das Gegenteil zu diesem uneigennützigen Dienen ist das Aufopfern. Aufopfern bedeutet, man handelt aus der Erwartung heraus, etwas zu bekommen, man »opfert« sich für jemand anderen und wartet im Gegenzug insgeheim still auf eine Belohnung.

Definitionsgemäß ist eine Opfergabe etwas, das einem lieb und teuer ist und das man hingibt, obwohl man es eigentlich lieber selbst behalten möchte. In unserem Fall besteht diese Opfergabe aus nichts Geringerem als einem Teil unserer selbst: unserer naturgegebenen Freiheit und Souveränität. Doch wer würde den Schatz der Freiheit so leichtfertig und noch dazu völlig freiwillig aufgeben? Wer würde sich freiwillig in das Joch der Sklaverei begeben? Nur jemand, der verzweifelt ist: Nur jemand, der so fest davon überzeugt ist, so, wie er ist, nicht liebenswert zu sein, dass er es tatsächlich in Betracht zieht, einen an sich unmöglichen Tausch einzugehen: »Freiheit gegen Liebe«.

Eine Opferhaltung ist nichts anderes als eine selbst auferlegte Knechtschaft – weil man seine Freiheit geopfert hat, um Liebe zu erhalten.

Im Alltag können wir überall beobachten, wie Menschen sich für andere, für die Beziehung, für die Karriere oder für die Familie aufopfern. In den unterschiedlichsten Bereichen können wir zuschauen, wie Menschen vollen Einsatz bringen, ohne dabei irgendeine Rücksicht auf ihre eigenen Bedürfnisse zu nehmen. Sei es nun die Mutter, die sich mit ihrem unentwegten Aufwand an Kochen, Putzen und Organisieren um ihre wohlverdiente Ruhe bringt, nur um ihrer Rolle gerecht zu werden; sei es der Angestellte, der Überstunden und Nachtschichten absolviert und riskiert, zum Koffeinjunkie zu werden, oder seien es die vielen Männer und Frauen, die ihre Beziehung zu retten versuchen, indem sie ihre persönlichen Bedürfnisse zurückschrauben und sich selbst klein machen.

Gerade in Beziehungen ist das Aufopferungssyndrom sehr häufig anzutreffen und für gewöhnlich sehr diffizil. In vielen Köpfen hat das Gelingen einer Beziehung oder das Halten einer Ehe oft noch absoluten Vorrang vor dem Achten der eigenen Bedürfnisse. Lieber macht man sich klein und unterwürfig oder verbiegt sich, als eine Trennung zu riskieren. Lieber geht man den Weg der Kompromisse statt den Weg der Ehrlichkeit. In Wahrheit aber bewirkt dieses Vorgehen leider nicht selten genau das Gegenteil von dem, was es eigentlich bewirken soll. Nicht selten zieht es den Strick um eine Beziehung noch enger, denn sich Kleinmachen macht – freiheraus gesagt – unsexy! Duckmäuschen machen sich in den Augen des Partners buchstäblich zu Jammerlappen: unattraktiv, uninteressant und langweilig! Und seien wir mal ganz ehrlich: Wer möchte schon einen Jammerlappen bzw. ein Duckmäuschen zum Partner? Wer findet schon jemanden sexy und anziehend, der zu allem brav Ja und Amen sagt: »*Ja, Schatz*«, »*Gerne, Schatz*«, »*Das können wir schon machen, Schatz*«, »*Ganz wie du willst, Schatz«, »Kann ich etwas für dich tun, Schatz?«*. Als ein erfahrenes, ehemaliges Duckmäuschen, das aus seiner eigenen langjährigen (und gescheiterten) Ehe lernen durfte, wage ich zu behaupten: Niemand!

Wo hört Liebe oder Hilfsbereitschaft auf und wo beginnt Aufopferung? Simpel ausgedrückt: Hilfsbereitschaft ist ein Zweck, Aufopferung ein Mittel. Wie wir gesehen haben, bedeutet aufopfern, etwas zurückzuerwarten – offen oder insgeheim. In einer Beziehung können das zum Beispiel das Gefühl des Geborgenseins, die Befriedigung unbewusster Harmoniebedürfnisse, die äußere Zurschaustellung intakter Familienverhältnisse, (finanzielle) Sicherheit oder einfach nur der Schutz vor dem Alleinsein sein. Bleiben diese Gaben auf Dauer aus, entstehen Schmerz und Verletzung: Das ist der Moment, in dem sich jedes unbewusste »Aufopferungssyndrom« zwangsläufig offenbart und seine Maske fallen lässt.

Wie aber kann ich nun herausfinden, ob auch ich mich eventuell für etwas oder für jemanden aufopfere? Wie kann ich es mir bewusst machen, ohne warten zu müssen, bis der Schmerz es mir zeigt? Und vor allem: Wie kann ich darüber hinausgehen?

Meist genügt es bereits, sich offen und ehrlich ein paar ganz einfache Fragen zu stellen:

»Was versuche ich zu nehmen?«
»Was erwarte ich mir von meinem Tun?«
»Tue ich das, was ich tue, um anderen zu gefallen, z. B. meinem Partner oder meinem Chef?
Tue ich es, um meinen Wert zu beweisen oder mich als besonders darzustellen?

Tue ich es, um etwas zurückzubekommen?

Oder tue ich das, was ich tue, einfach nur aus Liebe; einfach nur, weil es mir Freude macht?«

Findest du die ehrlichen Antworten auf diese Fragen durch dein eigenes Nachdenken, dein eigenes In-dich-Hineinspüren heraus, dann bist du der Lösung schon einen großen Schritt näher gekommen. Mit der ehrlichen Antwort auf deine Fragen hast du nämlich deinen verborgenen Antrieb und dein eigenes unbewusstes Denken offengelegt. In dieser Offenlegung gehst du den ersten Schritt über jedes eventuelle Aufopferungssyndrom hinweg. Es genügt, dir die Motivation, die hinter deinem eigenen Denken und Handeln steckt, bewusst zu machen, und schon kannst du im selben Moment eine neue Wahl treffen: Die Wahl *für* dich statt *gegen* dich.

Aufopferung ist ein unbewusstes Mittel, das wir wählen, um den Kontakt, die Nähe, die Intimität zu uns selbst zu vermeiden, da wir Angst davor haben, auf das zu schauen, was in uns noch nicht geheilt ist: Gefühle der Minderwertigkeit, der Unzulänglichkeit, der Selbstverurteilung, der Hilflosigkeit usw. Die Angst vor der Konfrontation mit uns selbst, die Angst vor der Konfrontation mit dem Schmerz ist zu groß und so decken wir sie durch das Mittel der Aufopferung zu, statt sie offen und ehrlich anzuschauen und so zu heilen. Das Leben jedoch wird uns durch entsprechende Situationen immer wieder dazu auffordern, ja, uns vielleicht sogar geradewegs dazu zwingen, aus Liebe zu uns selbst auf genau diese Wunden zu schauen und sie immer wieder aufs Neue zu fühlen, denn in jedem Fühlen unseres Schmerzes werden wir einmal mehr vor die Wahl gestellt: zudecken oder hinschauen, verstecken oder heilen, beibehalten oder darüber hinausgehen.

Wählen tun wir immer, bewusst oder unbewusst – mit jeder emotionalen, gedanklichen oder tätlichen Reaktion. Wählen wir diesmal bewusst. Wähle *du* diesmal bewusst. Du willst dich doch gar nicht aufopfern! Du willst die Fessel der Abhängigkeit doch gar nicht! Du willst doch dein Lebensglück gar nicht von deiner Umwelt abhängig halten! Du willst doch nicht länger in diesen Gefühlen der Unzulänglichkeit feststecken! *Was* du willst, ist, von jetzt an authentisch mit dir selbst und authentisch mit deinen Zielen und Vorstellungen umzugehen! Was du willst, ist innere Stärke! Was du willst, ist innerer Friede! Was du willst, ist innere Freiheit!

Du weißt, was du willst, also triff deine Wahl, Krieger: Entscheide dich bewusst für die Freiheit statt für die Knechtschaft, für die Stärke statt der Schwäche und für die Heilung statt der Verdrängung. Die Übung *Die Entscheidung für mich selbst* von Seite 55 kann dir dabei Tag für Tag und Situation für Situation immer wieder aufs Neue helfen.

Letztendlich ist es völlig gleichgültig, wie oft du dich in deinem Leben »fehlentschieden« hast, wie viele »Irrtümer« du begangen oder wie viele (Opfer-)Rollen du auch gespielt haben magst: Was zählt, ist nur, dass du *jetzt* lernst, was es zu lernen gibt, und endlich die Wahl *für* dich triffst. Dir selbst gegenüber ehrlich zu sein genügt, um all die vielen unterschiedlichen Rollen deines Lebens als Rollen zu durchschauen und sie allesamt hinter dir zu lassen: die Rolle des Opfers ebenso wie die des Täters, des Märtyrers, des Kämpfers, des Rebellen, des Verlierers oder des Duckmäuschens. Indem du deine Rollen durchschaust, kannst du sie dir alle vergeben, mitsamt ihrem dazugehörigen emotionalen Repertoire: dem Stolz, der Arroganz, der Ängstlichkeit, der Scham, der Hilflosigkeit, der Selbsttäuschung, den Gefühlen des Unwürdigseins und des Nichtkönnens:

>>*Ich vergebe mir diese Rolle.*

Ich vergebe mir, das Opfer gespielt zu haben.
Ich vergebe mir, mich von anderen abhängig gemacht zu haben.
Ich vergebe mir, mein Licht verleugnet zu haben.
Und ich vergebe mir alle Gefühle, die mit dieser Leugnung in Zusammenhang stehen.

Ich bin unschuldig. Ich bin frei.<<

Grundsätzlich gilt: *Alles* kann vergeben werden. Immer und jederzeit, und zwar ganz egal, in welcher Rolle wir uns jetzt und hier auch gerade wiederfinden. Wir können uns alles vergeben, weil wir die Wahl getroffen haben, uns für alles zu lieben. Erinnern und halten wir uns daran fest: Die Vergebung ist der Schlüssel. Der Schlüssel für die drei goldenen Türen:

Freiheit – Liebe – Frieden

Übung: Die drei Türen

Stelle dir vor, wie du in einer hellen, weiten Halle stehst. In dieser Halle gibt es drei große goldene Türen, jede mit kostbaren Ornamenten verziert und von aparten, kunstvoll gestalteten Säulen umrahmt. Über der linken Tür steht in großen, himmelblauen Buchstaben FREIHEIT, über der mittleren in zartem Rosa LIEBE und über der rechten sonnengelb FRIEDEN. Stell dir außerdem vor, wie vor dir auf einer Art Podest ein einziger, schlichter und unscheinbarer, weißer Schlüssel liegt. Darin eingraviert ist das Wort VERGEBUNG.

Nun entscheide dich, durch welche Tür du heute gehen möchtest. Vielleicht fühlst du, dass es heute irgendetwas Spezielles in dir zu bereinigen gibt, etwas, von dem du dich befreien möchtest oder was auch immer. Frage dich einfach, was du heute fühlen möchtest, welche Energie du heute am meisten »nötig« hast: die der Freiheit, die der Liebe oder die des Friedens.

Wenn du dich entschieden hast, nimm deinen Schlüssel – er passt in jedes der drei Schlösser – und öffne damit langsam die Tür deiner Wahl. Spüre, wie die Energie der Vergebung dich versöhnt, dich »reinwäscht«, von allen negativen Anhaftungen befreit und dir so den Zugang ermöglicht. Jetzt tritt über die Schwelle und gib dich für den Rest der Übung der Energie des Tages hin, sei es nun Liebe, Freiheit, Frieden oder alle drei zusammen.

Der Weg des Künstlers

Die Wahl für die Selbstermächtigung zu treffen, bedeutet zu sagen: »Ab heute stehe ich für mich ein und erfülle mir meine Bedürfnisse selbst! Ich warte nicht mehr darauf, dass andere sie erfüllen, sondern ergreife selbst die Initiative!« Nutze diese Art der ganz persönlichen »Autorisierung« und du lässt jedes schmerzhafte Gefühl der Isolation, der Unwürdigkeit, der Wertlosigkeit, der Abhängigkeit, der Erschöpfung, der Schwierigkeiten, des Feststeckens usw. behutsam verheilen. Ja, alle Schwierigkeiten lösen sich schrittweise im Bewusstsein auf – und das einfach nur, weil man sich in allem und für alles liebt und aktiv für sich einsteht. Anstatt im Opfer-»Modus« zu verharren und von anderen Anerkennung für seine Arbeit, seine Projekte oder seine Leistungen zu erwarten, macht man diese Dinge jetzt nur mehr aus Liebe, aus reiner Freude an der Sache. Ist diese Freude, diese Liebe, erst einmal im Herzen erweckt, fließt sie in alles ein, was man gerade tut: in jedes Projekt, in jede Arbeit, in jeden Gedanken, den man denkt, und in jedes Wort, das man spricht.

Schauen wir uns doch bloß mal all die vielen Künstler an. Sie brennen für ihre Arbeit, für ihr Wirken, ihr Schaffen und das ganz ungeachtet aller (finanziellen) Schwierigkeiten und Engpässe, mit denen sich viele von ihnen tagtäglich auseinandersetzen müssen. Künstler wissen häufig nicht, womit sie die nächste Monatsmiete zahlen sollen oder ob sie im nächsten Monat überhaupt noch ein Dach über dem Kopf haben, und trotzdem machen sie weiter, denn sie tun das, was sie tun, aus Liebe, aus Freude, aus Begeisterung, aus tiefster Seele, aus Berufung.

Der Künstler ist anders als der »gewöhnliche« Mensch, denn der »gewöhnliche« Mensch spürt die Sehnsucht seines Herzens im Normalfall nicht oder zumindest nicht sehr ausgeprägt. Er ist zufrieden mit seinem Leben, wie es ist, mitsamt seinen ungezählten kleinen Pflichten, Aufgaben, Annehmlichkeiten und Vergnügungen. Der Künstler jedoch spürt seine Sehnsucht. Er spürt das offen brennende, hell lodernde Feuer in seinem Herzen; die eine tiefe, leidenschaftliche Sehnsucht nach Wahrheit, gepaart mit dem glühenden Wunsch nach Ausdruck. Seine starke Sehnsucht ist der Grund, warum den Künstler das »Kleine«, das »Gewöhnliche«, das »Normale« nicht länger befriedigt. Was *er* sucht, ist das Große, das Erhabene, das Schöne, das Würdevolle, das ewig Wahre. Sein Sehnen und Streben gilt dem Unaussprechlichen und Unsterblichen, das abseits aller Worte, abseits aller Beschreibungen, abseits aller materiellen Erscheinungen und abseits aller weltlichen Dinge liegt. Und genau diese Sehnsucht nach dem Unaussprechlichen bringt er durch sein kreatives Schaffen zum Ausdruck; er bringt ein Stück Himmel auf die Erde. Der schweizerische Schriftsteller John Knittel[5] schreibt dazu in seinem zeitlosen Buch *Via Mala*:

»Menschen wie wir kriegen leicht Heimweh nach dem Himmel. Es ist eine sehnsüchtige Liebe zu dem Blau über unserem Kopf, die Sucht, wieder in jene friedlichen Gegenden zurückzukehren, aus denen wir stammen.«

Jeder Mensch trägt einen Künstler in sich, denn jeder Mensch sehnt sich insgeheim nach der Wahrheit. In vielen schlummert dieser Künstler noch unbemerkt im tiefsten Innern dahin, in einigen wenigen ist er bereits erwacht. Wie steht es mit dir,

[5] John Knittel: Via Mala, Fischer Verlag 2007

Berufener? Ist der Künstler in dir schon aufgestanden? Brennst auch du schon für jenes Unaussprechliche, welches hinter den Schleiern der Welt verborgen liegt? Nachdem es im Leben keine Zufälle gibt und dir genau zu diesem Zeitpunkt deines Lebens dieses Buch »in die Hände gefallen« ist, in welchem du hier und jetzt genau diese Zeilen liest, wage ich zu behaupten: Der Künstler in dir lebt bereits! Er ist wach! Er ist so weit!

Vielleicht ist es dem Künstler in dir ja bereits gelungen, einem Teil seiner Sehnsucht Ausdruck zu verleihen? Vielleicht ist es ihm ja bereits gelungen, ein oder mehrere kleine Kunstwerke anzufertigen und das Innen nach außen zu bringen? Vielleicht malst du für dein Leben gern und nennst bereits eine eigene kleine Gemäldesammlung dein eigen? Vielleicht bist du Feuer und Flamme für die Bildhauerei, das Musizieren, das Schreiben oder Dichten oder das Entwerfen modischer Kollektionen? Vielleicht macht es dir aber auch »nur« Riesenspaß, gesunde und leckere kulinarische, praktische oder auch botanische Kreationen zu schaffen? Was auch immer: Hör jetzt nicht damit auf! Hör nicht auf die Urteile der Welt und warte auch nicht länger darauf, dass andere dich für dein Werk loben oder du den großen Durchbruch schaffst. Sei einfach mit andächtiger Liebe bei deiner Arbeit, tu es allein für dich und für niemanden sonst! Tu es, weil es *dein* unschuldiges kleines Herz in diesem einen zauberhaften Moment zum Singen und Tanzen bringt und es deiner Seele Ausdruck verleiht! Das allein genügt und du bist glücklich. Es ist im Grunde so einfach!

Lass den Künstler in dir wachsen, indem du die Liebe in dir wachsen lässt. Das bedeutet: Schau dir die Resultate deines Tuns genau an und liebe und wertschätze dich unbeirrt dafür:

»Ich liebe das, was ich geschaffen habe!

Mein Werk mag nicht perfekt sein, muss es auch gar nicht, aber ich liebe es genau so, wie es geworden ist.«

Lass auf alle deine kreativen Werke, Arbeiten und Projekte Liebe fließen. Sei voll mit dem Herzen dabei und schau zu, wie deine Schöpfungen immer besser und schöner werden und eines Tages schließlich auch ihren Weg zu den Menschen finden. Sei bereit, dir selbst immer und jederzeit alles zu vergeben, wenn sich das Gefühl einschleichen sollte, dass dir etwas misslungen ist, dein Werk nicht gut genug ist oder dass nichts weitergeht. Die geplante Ausstellung wird mangels Interesse abgesagt? Egal, vergib es dir! Dein Buchprojekt wird abgelehnt? Egal, vergib es dir! Die Leute belächeln deine Arbeit und nehmen sie nicht ernst? Egal, vergib es dir! Deine vielfältigen Bemühungen vorwärtszukommen, verlaufen sang- und klanglos im Sande? Egal, vergib es dir! Mit solcherlei Rückschlägen muss jeder Künstler am Anfang fertig werden – egal ob Maler, Schriftsteller, Schauspieler oder Musiker. Lass den Kopf nicht hängen und verzweifle nicht! Wirf nicht gleich buchstäblich alles hin, sondern vergib dir die Situation: Vergib dir die Gefühle der Ablehnung, des ignoriert-Werdens, des ausgegrenzt-Seins, der Regression etc. und bewahre dir so deinen Frieden, deine Freude und deinen Antrieb, weiterzumachen. Vergib dir und sage einfach still und mitfühlend zu dir selbst:

»Es ist okay. Auch dafür liebe ich mich!«

Bei erfolgreichen Menschen macht es auf Außenstehende oft den Eindruck, deren Erfolgskurve wäre eine präzise, kerzengerade

Linie senkrecht nach oben; eine Karriere wie aus dem Bilderbuch, sorgfältig geplant und zielsicher verwirklicht. Und es scheint auch, als könnte bei diesen »Erfolgs-Koryphäen« einfach nichts schief laufen: Alles klappt auf Anhieb wie am Schnürchen und einfach alles, was sie anfassen, verwandelt sich augenblicklich in Gold. Kein Wunder, dass diese Leute für den oberflächlichen Betrachter wie vom Leben mit exorbitanten Privilegien ausgestattete, in den sprudelnden Quellen des Glücks badende Zöglinge des Schicksals aussehen, die – im Gegensatz zu einem selbst – scheinbar gar nicht anders können, als automatisch auf der Gewinnerseite des Lebens zu stehen.

Juhu, guten Morgen! Glaubst du auch noch an den Weihnachtsmann?!

So, und jetzt reden wir mal Tacheles, denn die Wahrheit ist ganz anders! Wahrer Erfolg *wächst* und ist in Wirklichkeit völlig unabhängig von finanziellen oder ökonomischen Ergebnissen. Klar, ein Maler der zwar mit vollem Herzblut seine Berufung lebt, aber noch nie auch nur ein einziges Bild verkauft hat, ist in den Augen der Welt erfolglos. Trotzdem kann er in Wahrheit der erfolgreichste Maler dieser Erde sein! Erfolgreicher sogar als ein Picasso oder ein Monet! Warum? Weil er seine Bestimmung lebt; weil er im Einklang mit seiner Seele und in Harmonie mit dem Gesang des Universums ist! Ihn bekümmert weder das Urteil der Welt, noch der Zuspruch seiner Mitmenschen; was ihm wichtig ist, ist nur das beseligende Gefühl hingebungsvoller Glückseligkeit. Was ihm wichtig ist, ist nur, der Sehnsucht seines Herzens Raum zur Entfaltung geben zu können.

Wahrer Erfolg lässt sich nicht in Verkaufseinheiten, Bilanzen, Honorarabrechnungen oder Euros auf dem Bankkonto messen, sondern ausschließlich anhand des eigenen inneren Befindens.

Glück, Frieden, Freude und Harmonie sind die Indikatoren, die sofortigen Aufschluss über ihn geben. Das bedeutet: Bin ich in glücklichem Einklang mit mir selbst und meinem Tun, dann bin ich wahrhaft erfolgreich, und dieser wahre, dieser »innere« Erfolg macht den »äußeren« Erfolg überhaupt erst möglich. Wobei an dieser Stelle der Vollständigkeit halber gesagt werden muss: Der »äußere« Erfolg *kann* kommen – muss aber nicht. *Wenn* er jedoch kommt, dann kommt er mit Macht – weil er aus der kontinuierlichen inneren Kraftquelle der Begeisterung gespeist wurde.

»Äußerer«, ökonomischer, wirtschaftlicher Erfolg folgt seinen eigenen Gesetzen und ist von vielerlei verschiedenen Faktoren abhängig, die kein Mensch auf der Welt je ganz überblicken könnte. Das heißt, man kann ihn weder planen, noch erzwingen, noch ihn sich »erkaufen« – nicht einmal mit einem Werbeetat in Millionenhöhe. Ein Flop bleibt ein Flop, und wenn noch so viele Werbespots im Fernsehen, noch so viele Plakate in der U-Bahn und noch so viele Anzeigen in der *Brigitte* uns vom Gegenteil überzeugen sollen.

Der sicht- und greifbare Erfolg ist wie eine scheue, exotische Schönheit und eine Schönheit lässt sich nicht ködern – sie kommt entweder von selbst, freiwillig, oder gar nicht. Und nicht nur jeder Mann weiß: Auf plumpe Anmachversuche spricht eine exotische Schönheit nicht an. Sie lässt sich weder durch bäuerisch-derbe Verlockungen, noch durch zudringlich-penetrante Bezirzungen erobern. Ist ihr Interesse ersteinmal geweckt, dann ist sie es, die erobern will! An dieser Stelle eine kurze Preisfrage, speziell an die Herren der Schöpfung: Wie weckt man das Interesse einer exotischen Schönheit am besten? Mhh? Ich als ganz und gar unschuldige Frau (seltsam, woher kommt bloß dieses plötzliche

Bedürfnis, mich zu räuspern?) kenne mich da natürlich nicht so gut aus, aber der amerikanische Erfolgsautor David Benioff hat in seinem Buch *Stadt der Diebe* eine Antwort gefunden, die mir äußerst fachkundig und kompetent erscheint: durch geflissentliche Nichtbeachtung!

Paradox: Man weckt Interesse, indem man Desinteresse vorgaukelt; man macht sich geheimnisvoll, indem man sich in Gleichgültigkeit übt; man wirkt anziehend, indem man kühle Kontenance bewahrt. Paradox, aber genial! Alle sogenannten »Erfolgsmenschen« kennen diesen geheimen, internen Trick, diese ausgeklügelte, strategische Raffinesse der heimlichen Eroberung: Man gibt sich distinguiert, bewahrt sich seine Distanz, bezirzt und lockt nicht und bringt damit das Temperament, den Esprit, das Feuer einer jeden Schönheit zum Brennen und lässt jede noch so kapriziöse Diva in Reinkultur dahinschmelzen!

Erfolg ist eine Schönheit und eine Schönheit mag es nicht, wenn man ihr hinterherläuft. Also verbanne lieber jeden Gedanken auf äußeren Erfolg aus deinem Kopf und gib dich ganz dem Tun ohne Erwartung hin. Lasse die – uns allen von der Gesellschaft indoktrinierte – Sucht nach Erfolg hinter dir und verschwende und zerstreue deine Energie nicht länger, sondern führe sie lieber gebündelt und präzise deiner Arbeit, deiner Muße, deiner Begeisterung zu. Auf diese Weise bewahrst du deinen Frieden und gibst gleichzeitig dem Erfolg Raum, sich dir anzunähern – indem du ihn einfach nicht beachtest, gar nicht mehr an ihn denkst und dich vollkommen unabhängig von ihm machst.

Wenn der Erfolg sich entschließt, zu dir zu kommen, wenn er sich entschließt, *dich* zu erobern, dann sei dir in einem sicher: Er kommt ganz von allein – allerdings nicht vor seiner Zeit. Nicht bevor du selbst, die Menschen, die Welt, das Universum

»reif« seid und alle »Zufälle« sich so gefügt haben, dass alles zur »rechten Zeit« am »rechten Ort« ist. Für den »äußeren« Erfolg nämlich muss alles genau stimmen, alles in exakt der richtigen Konstellation zueinander stehen. Solange sich diese Konstellation noch nicht haargenau und akkurat eingependelt hat, solange wird es auch mit dem Erfolg nichts werden. Die Zeit muss erst reifen und das Universum erst alles aufeinander abstimmen und arrangieren: Menschen, Dinge, Ereignisse. Bis dahin ist der größte Schatz, den man sich bewahren kann die Geduld.

Geduld ist die erste (und für viele auch schwierigste) Lektion, die jeder Künstler oder Unternehmer lernen muss. Denn nur, indem man lernt, seinen Geist von der Erwartung auf die Früchte seiner Arbeit loszulösen, bleibt man innerlich in Balance und damit handlungsfähig und kreativ. Viele spätere Kunstschätze, Radiohits, Kassenschlager und Bestseller dümpelten zu Beginn viele Jahre weitestgehend unbeachtet in der Versenkung dahin und wurden von der Öffentlichkeit ignoriert. Dem brasilianischen Bestsellerautor Paulo Coelho wurde – um nur ein Beispiel zu nennen – aufgrund der anfänglich schwachen Verkaufszahlen seines späteren Welterfolgs *Der Alchimist* sogar vorzeitig der Verlagsvertrag gekündigt! Doch Coelho gab nicht auf, suchte sich einen neuen Verlag, blieb sich selbst treu und machte unbeirrt weiter. Das Resultat können wir heute in jedem Feuilleton dieser Welt mitverfolgen.

»Äußerer« Erfolg braucht seine Zeit, weil jedes Werk seine Zeit hat. In Wahrheit ist so gut wie keine Erfolgskurve linear und kerzengerade; im Gegenteil, fast jede ist in sich verworren und verschnörkelt wie ein Knäuel Wolle, das auf seinem Weg immer wieder lustige Umwege und Achterbahnfahrten unternimmt. Hochs und Tiefs wechseln sich in zyklischen Intervallen ab und auf jede Phase der Euphorie folgt auch mal wieder eine längere Durststrecke. Eine »normale« Erfolgslinie macht ihren Weg nach oben nur langsam – aber dafür stetig. Sorgsam und vorsichtig erklimmt sie Stufe für Stufe, ohne sich je zu eilen oder je den Kopf zu verlieren. Gewiss gibt es hier auch Ausnahmen, gewiss gibt es auch Künstler, die von Anfang an wie eine Bombe einschlagen und von heute auf morgen zu (kurzlebigen?) Stars werden – die Regel aber ist das nicht. Die Regel ist, dass Erfolg wächst, Blatt für Blatt wie ein zartes grünes Pflänzchen. Und jedes Pflänzchen braucht drei grundlegende Dinge, um wachsen zu können: Erde, Wasser und Licht.

Die Erde des Erfolgs ist die Liebe.
Das Wasser des Erfolgs ist die Geduld.
Das Licht des Erfolgs ist die Vergebung.

»Innerer« Erfolg kann sofort da sein. In dieser Sekunde, in diesem Augenblick, in dem du einfach total im seligen Einklang mit dem bist, was du gerade tust und derart leidenschaftlich für dein Schaffen brennst, dass du alles andere um dich herum vergisst. »Äußerer« Erfolg allerdings braucht Zeit. Er braucht zum Gedeihen drei elementare Energien: die der Liebe (und damit der Begeisterung), die der Geduld und die der Vergebung. Die Liebe ist nötig, um ein Werk »gut« werden zu lassen; die Geduld, um auf den »richtigen« Moment warten zu können und die Vergebung schließlich, um zu den ersten beiden zurückzukehren. Die Vergebung öffnet Liebe und Geduld aufs Neue die Tür, wann immer diese Tür wieder von Selbstzweifeln, enttäuschten Erwartungen oder Gefühlen der Stagnation, Isolation und Wertlosigkeit blockiert zu werden droht. Der Satz »Ich vergebe mir diese Gefühle und Gedanken.«

ist die nötige Bereinigung, die den inneren Frieden hier und jetzt zurückbringt – und damit all die guten Dinge wie Ausgeglichenheit, Freude, Tatkraft, Fülle und Inspiration.

Die Krux der Wertlosigkeit

Der Wille zur Vergebung ist der Wille zum Erfolg, weil die Vergebung alle geheimen Empfindungen von Wertlosigkeit in unserem Geist heilt. Und alles, was uns vom Erfolg abhält, ist in der Regel nur dieser seltsame Glaube, wertlos und des Erfolgs unwürdig zu sein.

Die Empfindung von Wertlosigkeit ist ein ganz zentrales Muster unseres unbewussten Geistes, das als Überbleibsel lang anhaltender negativer oder traumatischer Prägungen in vielen von uns fest verankert ist. Der Ursprung dieses Musters kann dabei entweder in persönlichen Erfahrungen (insbesondere aus der Kindheit[6]) liegen, der idealisierend-manipulativen Gehirnwäsche der Medien- und Konsumkultur entstammen oder den kollektiv-geistigen Prägungen der Menschheit im Allgemeinen entspringen, z. B. durch die in der Vergangenheit erlittenen Erfahrungen von Gewalt, Unterdrückung, Versklavung, Knechtschaft usw.

Das aus diesen Erfahrungen hervorgegangene und seither mitgeschleppte Stigma der Wertlosigkeit hält uns sowohl vom Erfolg als auch von der Liebe fern, weil wir uns als nicht würdig dafür erachten und sie uns aufgrund dessen beide nicht zugestehen und erlauben. Wir fühlen uns auf eine tief verborgene, irrationale Art und Weise schuldig und so hemmen

[6]In der modernen Psychotherapie spricht man in diesem Zusammenhang auch vom verletzten oder traumatisierten *Inneren Kind.*

und bremsen wir uns unbewusst selbst aus und setzen dem Horizont unserer Möglichkeiten unwissentlich Grenzen. Diese versteckte »Selbstzügelung« äußert sich in vielen, teils ziemlich gut getarnten Verhaltensweisen. Offensichtlich wird sie immer dann, wenn wir Dinge sagen wie »Ich kann das nicht«, »Das bin ich doch gar nicht wert« oder »Das steht mir doch eigentlich gar nicht zu.« Aber auch in vielen anderen Situationen drückt sich der »Wertlosigkeitskomplex« aus, beispielsweise dann, wenn wir immer wieder die Schuld für alles auf uns nehmen, wir uns an Herausforderungen gar nicht erst heranwagen und lieber schon im Vorfeld mit der weißen Fahne schwenken, wir notorische Angst vor Neuem haben, wir uns selbst nichts gönnen, uns selbst bestrafen, kasteien oder gar verletzen oder in unserem Alltag immer wieder unbewusst Sätze von uns geben wie: »Ich mache doch eh immer alles falsch« oder »Das geschieht mir ganz recht.«

Dazu ein kleines Beispiel: Stellen wir uns vor, die durch eine Vielzahl in der Vergangenheit erfahrener Enttäuschungen und Zurückweisungen mit dem unbewussten Virus der Wertlosigkeit infizierte Petra hat sich gerade selbstständig gemacht, sagen wir, mit einer kleinen Dienstleistungsfirma oder einer psychologischen Beratungspraxis. Es mangelt ihr weder an Enthusiasmus noch an Elan, sie wirbt und inseriert in einer Unzahl an Magazinen und Zeitungen, läuft sich die Hacken ab, um ihre Flyer und Prospekte loszuwerden und organisiert eifrig Events und Happenings. Trotzdem bleiben am Ende die erhofften Kunden und Klienten aus: Die Praxis bleibt verwaist, das Telefon stumm und der Briefkasten außer Rechnungen leer. Und das, obwohl der Markt für Petras Unternehmung objektiv betrachtet durchaus vorhanden ist und viele ihrer Konkurrenten rundum gute Geschäfte verbuchen können. Aber warum klappt es bei Petra einfach nicht?

Die Gründe für Petras Misserfolg können natürlich sehr vielfältig sein: Vielleicht warb sie an den falschen Stellen, vielleicht waren ihre Werbetexte zu lasch oder ihre Preise zu hoch. Aber warum? *Warum* fand sie nicht die richtigen Stellen? *Warum* fand sie nicht die richtigen Worte für den Werbetext? *Warum* fand sie nicht die richtige Kalkulation? Der Grund ist einfach der: weil sie sich durch ihren unbewussten Wertlosigkeitskomplex unbemerkt selbst ausgebremst hat! Sie schob ihrer Kreativität den Riegel vor und so konnte sie a) weder den richtigen Werbetext, b) weder die richtigen Werbestellen und c) weder den angemessenen Preis für ihr Angebot finden. Weil sie sich durch ihren Glauben, wertlos zu sein, unbewusst verboten hat, erfolgreich zu sein.

In vielen Fällen verhält es sich so, dass jemand, der sich insgeheim als wertlos empfindet, diese eingebildete Wertlosigkeit unbewusst mit anderen Mitteln »auszugleichen« versucht und unter Umständen sogar eine regelrechte Profilneurose entwickelt; d. h. vielleicht arbeitet dieser Jemand dann oft sehr hart und sehr viel; vielleicht versucht er ständig, es allen und jedem recht zu machen oder vielleicht opfert er sich häufig für andere auf, nur um dadurch seinen »Wert« unter Beweis zu stellen.

Um bei unserem Beispiel zu bleiben: Die arme Petra versucht, durch ihren Misserfolg eingeschüchtert, die nagenden Gefühle des Nicht-gut-Seins und des Scheiterns zu kompensieren, indem sie sich noch mehr abstrampelt, sich noch mehr ins Zeug legt und sich anstrengt, ihr Geschäft endlich ans Laufen zu bringen, um es ihrer Umwelt und vor allem sich selbst »zu beweisen«. Doch statt wirklich vorwärtszukommen, bleibt sie doch immer nur in der Endlosschleife ihres Hamsterrads gefangen.

Was Petra *wirklich* heilen könnte, wäre einzig und allein die Liebe zu sich selbst, und gerade die Liebe ist es ja, die sie sich durch ihren Glauben an Wertlosigkeit nicht zugesteht! Aber was kann Petra dann tun? Die Lösung liegt in zwei einfachen Wörtern begründet: Reflexion und Vergebung. Die *Reflexion* öffnet ihr die Augen für ihre geistigen »Schwachstellen« und die *Vergebung* lässt sie im nächsten Moment über diese hinwegschreiten und führt sie schnell und zielgerichtet zurück zur liebenden Heilkraft in ihrem Innern. *Jetzt* kann Petras Geschäft ans Laufen kommen, denn jetzt kann sie sich der Liebe endlich wertschätzen und somit ist der hemmende Felsblock in ihrem Innern entfernt. Nun können die Energien wieder frei und ungehindert zu fließen beginnen, die Kreativität kann von Neuem erwachen und vor Petras innerem Auge können sich tausend neue, ungeahnte und vor allem *wirksame* Ideen auftun, mit denen sie ihr Publikum für sich und ihre Arbeit begeistern kann.

Reflexion und Vergebung bilden zusammen ein starkes, ein mächtiges, ein unbesiegbares Team. Ein Team, das alle unbewussten Glaubensmuster von Wertlosigkeit auf der Stelle auslöscht und heilt, indem es ihnen geradewegs ins Gesicht schaut, Frieden mit ihnen schließt und sie dann ihres Weges gehen lässt. Praktisch ausgedrückt heißt das: Immer wenn ich entdecke, dass ich mich unbewusst in irgendeiner Weise für wertlos halte, z. B. wenn mich Rückschläge sofort aus der Fassung bringen, meine Kreativität einfach nicht sprudeln will oder ich Zweifel über meinen eigenen und/oder den Wert meines (kreativen) Schaffens hege, mache ich mir als ersten Schritt dieses Glaubensmuster bewusst, schaue es mir ruhig und vorurteilsfrei an und vergebe es mir dann einfach als zweiten Schritt.

Übung: Der Blick der Offenheit

Unser ehrliches Wollen ist von ausschlaggebender Bedeutung, wenn etwas »Ungutes« aus unserem Leben verschwinden soll. Der ehrliche Wille zur Vergebung ist der ehrliche Wille zur Liebe, zum Leben und zum Glücklichsein. Deshalb erforsche deinen Geist gezielt nach allen unbewussten Anteilen aus der Vergangenheit, die dich immer wieder aufs Neue beherrschen und kleinmachen wollen. Blicke in deiner Meditation jedem noch so kleinen Gefühl von Wertlosigkeit, jedem noch so kleinen Fetzen von Selbstverurteilung und jedem noch so kleinen Anflug von Unwürdigkeit schonungslos offen ins Auge und sage zu ihm gedanklich einfach nur dies:

»Ich sehe, dass ich mich in der Vergangenheit oft für wertlos gehalten habe, und vergebe es mir.
Ich will vergeben und dieses Gefühl der Unwürdigkeit, der Wertlosigkeit, des Opfers etc. wird verschwinden.

Ich bin der Liebe würdig.«

»Ich bin der Liebe würdig« – diese grundlegende Wahrheit im eigenen tiefsten Innern zu begreifen und vor allem auch zu *fühlen*, ist das Wunder, das wiederum Wunder möglich macht.

Das Anlehnungsbedürfnis

Wir Menschen haben manchmal im wahrsten Sinne des Wortes niederdrückende geistige Angewohnheiten. Unser Körper ist (genau wie alles in unserer phänomenalen Welt) unser Spiegel, der uns viel über unseren inneren seelischen Zustand verrät. Seine Haltung, seine Gesten, seine Mimik und viele weitere Dinge mehr sind die Botschaften, die uns über uns selbst Aufschluss geben können. Was zeigen beispielsweise schwere, schleppende Schritte, hochgezogene Schultern, Herumlümmeln in Sesseln oder unbewusstes Anlehnen an Türen und Wänden? Kurz und bündig: Es zeigt, dass ein Mensch nicht im Gleichgewicht ist, dass er vielleicht mit düsteren oder schweren Gedankenenergien beladen ist, vielleicht sorgenvoll über sich und seine Lebensumstände nachgrübelt oder innere Konflikte austrägt, welche es ihm unmöglich machen, mit sich selbst ins Reine zu kommen.

Was auch immer: Die Botschaft, die er mit dieser unharmonischen Ausstrahlung an das Leben sendet, ist diese:

»Ich will mehr davon!«

Und er *wird* mehr davon bekommen, denn wir ziehen, adäquat zu unserer Ausstrahlung, immer ähnliche Schwingungen zu uns heran – wie ein Magnet: Wir werden zu einem Magneten für Schweres, weil wir selber schwer sind.

Indem wir auf unseren Körper-Spiegel achten, kann er uns erkennen helfen, wie es im tiefen Unbewussten um uns steht: Lehne ich mich vielleicht scheinbar »zufällig« gerne an Wände oder Gegenstände an, z. B. an einen Pfosten beim Warten auf den Bus, an den Einkaufswagen im Supermarkt oder an den Büroschrank im Gespräch mit Kollegen? Oder muss ich vielleicht ständig etwas in der Hand haben, mich immer an irgendetwas »festhalten«, vielleicht an einer Tasse, einer Zigarette oder vielleicht sogar an meinem Partner beim Sex?

Nicht selten sind solche Gewohnheiten oder Zwänge ein äußeres Zeichen für ein inneres Anlehnungsbedürfnis, und damit ein Zeichen für fehlende Selbstverantwortung. Ich selbst stützte mich beispielsweise, das wird mir erst mit der Beschäftigung mit diesem Thema so richtig klar, jahrelang unbewusst an Gegenständen ab: während der Hausarbeit, während des Gesprächs mit anderen, während des Einkaufens. Ja, auch ich hatte meine Anlehnungsbedürfnisse!

Vor ein paar Jahren, als die Verträge zu meinem ersten Buch unterzeichnet waren, überkam auch mich ein akuter Anflug solch eines Anlehnungsbedürfnisses (welches mir zu diesem Zeitpunkt natürlich nicht bewusst war). Da ich ahnte, dass man es als Neuling auf dem Buchmarkt erfahrungsgemäß meist recht schwer hat, gerade in einem kleinen Verlag, bat ich einen renommierten und bekannten Autor, der schon viele erfolgreiche Bücher auf dem Markt hat, um ein kurzes, persönliches Vorwort. Zu meiner Überraschung bekam ich auch prompt Antwort: Man werde schauen, was sich machen lässt. Klar, dass ich mir von da an immense Hoffnungen machte und anfing, mir im Geiste türmchenbesetzte Märchenschlösser á la Disneyworld zu bauen. Mein Ego schwelgte förmlich schon in der High Society des Literatenhimmels, Tage, Wochen, Monate. Doch am Ende hörte ich nie wieder etwas von dem Autor. Kein Vorwort. Kein »Champagnerschlürfen« im erlauchten Kreis. Keine Schlange von Reportern vor der Haustür. Kein Bericht in der Tagesschau.

Was ich allerdings bekam, war eine wertvolle Erkenntnis,

nämlich die, warum ich eigentlich tat, was ich tat. Die Wahrheit ist: Ich hätte mich gerne an den Erfolg eines anderen angelehnt und mir gern ein Schnittchen davon als Starthilfe für mich selbst abgeschnitten. Statt einfach zu vertrauen, was kommt, wollte ich lieber auf Nummer sicher gehen und selbst ein wenig nachhelfen. Im Nachhinein betrachtet ist mir heute klar: Mit einer solchen (Erwartungs-)Haltung an eine Sache heranzugehen, konnte eigentlich nur schiefgehen; wie sagt man doch so schön? Kontrolle ist gut – Vertrauen ist besser! Und so ging das Buch dann trotzdem seinen Weg, auch ohne Vorwort. Ohne Tagesschau.

Nicht zuletzt diese Erfahrung mit dem (nicht vorhandenen) Vorwort lehrte mich, dass sich an jemanden oder etwas Äußeres anlehnen zu wollen, in Wahrheit nichts anderes als ein stilles Eingeständnis der eigenen vermeintlichen Schwäche ist; ein Ausdruck des unbewussten Glaubens, für sich allein klein, hilflos und unzulänglich zu sein. Einzig dieser bizarre Glaube ist die Ursache dafür, warum wir uns unbewusst so oft von anderen abhängig fühlen und auch machen: Wir glauben schwach zu sein und suchen deshalb im Außen immer wieder nach einem vermeintlich stärkeren Pol; nach jemandem, der mit seiner Stärke die eigene eingebildete Schwäche ausgleicht.

Aber in Wahrheit ist kein Mensch schwach! Keiner!

Doch warum nur wollen wir Menschen das nicht wahrhaben? Warum wollen wir es nicht wahrhaben, dass wir stark sind, dass wir souverän sind, dass in uns die gesamte Macht des Universums liegt? Warum wollen wir nicht anerkennen, dass wir *göttlich* sind, von der höchsten Macht geschaffen wie sie selbst? Und warum wollen wir auch nicht wahrhaben, dass wir selbst die Verantwortung tragen für alles, was unser Leben betrifft?

Der Grund ist simpel: weil wir dazu erzogen wurden! Wir wurden dazu erzogen, uns klein, ohnmächtig, sündig und schuldig zu fühlen. In der Geschichte der Menschheit ist es immer so gewesen! Schon immer unterdrückten und manipulierten die Großen, die Mächtigen, die Herrscher (einerlei ob die weltlichen oder die geistlichen) die Kleinen, die Untergebenen, das Volk, indem sie ihnen erzählten, sie wären sündige Büßer, der Hölle geweiht, wenn sie nicht gehorchen würden; dass sie wertlos und ohne Stimme wären und höchstens zum Arbeiten zu gebrauchen. Wie sonst hätten die »Großen« ihre Macht halten können? Schließlich kann nur jemand, der sich selbst als schwaches, ohnmächtiges und abhängiges kleines Schäfchen fühlt, erfolgreich kontrolliert und dominiert werden! Die Folgen dieser grotesken Prägung währen bis heute, denn was einmal in den Köpfen drin ist, geht so schnell nicht wieder heraus. Und so können wir heute auf der ganzen Welt vielerlei verschiedene Formen von Anlehnungsbedürfnissen beobachten.

Sehr viele Menschen setzen ihre Hoffnungen auf Hilfe und Erlösung noch immer lieber in jemand anders als sich selbst. Noch immer geben viele die eigene Verantwortung bequem, vertrauensvoll, aber häufig auch blind in die Hände anderer: des eigenen Partners, der Manager und Aktionäre, der Politiker, der Kirchen (früher zumindest), der Coachs, der Mental-Trainer, der Gurus und und und. Wie oft können wir zuschauen, wie die Leichtgläubigkeit und das Vertrauen schamlos ausgenutzt werden! Wie oft können wir beobachten, wie Heilung, Erlösung und sogar »Erleuchtung« zum gewinnbringenden Geschäft werden, nicht selten mit gratis mitgelieferter Gehirnwäsche?

Alle Probleme, die wir heute auf der Welt haben, rühren nur daher, dass die Menschen keine Verantwortung für sich selbst übernehmen, für ihr Seelenheil, ihr Denken, ihr Tun, ihr Lassen. Erich Kästner stellte das bereits 1931 in seinem Werk *Fabian* nachhaltig fest:

> *»Wir werden nicht daran zugrunde gehen, dass einige Zeitgenossen besonders niederträchtig sind, und auch nicht daran, dass einige von diesen und jenen mit einigen von denen identisch sind, die den Globus verwalten. Wir gehen an der seelischen Bequemlichkeit aller Beteiligten zugrunde. Wir wollen, dass es sich ändert, aber wir wollen nicht, dass wir uns ändern. »Wozu sind die anderen da?«, denkt jeder und wiegt sich im Schaukelstuhl. ... Wir gehen an der Trägheit unserer Herzen zugrunde. Die Gegenwartskrise ohne eine vorherige Erneuerung des Geistes ökonomisch lösen zu wollen, ist Quacksalberei!«*[7]

Diese Worte haben auch heute noch, knapp fünfundachtzig Jahre später, nichts von ihrer hochbrisanten Aktualität eingebüßt. Im Gegenteil, nach wie vor ist seelische Bequemlichkeit das größte (und vielleicht sogar einzig *wirkliche*) Problem unserer modernen Zivilisation.

Stellen wir eines grundlegend voran: Unserer Natur nach sind wir Menschen keine »Monster«. Unserer Natur nach sind wir gut, sind wir sensible, liebende und mitfühlende Wesen. Ein Mensch kann nur dann zum Monster werden, nur dann grausam und kaltherzig, wenn er aufhört, für sich selbst zu denken, und sich von anderen steuern lässt, wenn er seine Verantwortung abgibt. Wären Diktaturen, Fanatismus, Faschismus, Massaker, Völkermord und vieles mehr noch möglich, wenn jeder Beteiligte

---

[7]Erich Kästner, »Fabian – Die Geschichte eines Moralisten«, Ullstein 1975

die Verantwortung für sein Tun übernähme? Wäre ein Krieg noch möglich, wenn jeder einzelne Soldat seine Verantwortung übernähme? Würde er dem Einberufungsbefehl von »oben« weiter blind Folge leisten oder würde er viel eher selbst zu denken anfangen und sich Dinge fragen wie: »Ist das *mein* Krieg? Warum soll ich mithelfen, viele Unschuldige damit in Leid und Chaos zu stürzen?«

Zugegeben, das ist ein extremes Beispiel, aber das Phänomen an sich ist ganz alltäglich. Viele Menschen lehnen es ab, die Verantwortung für ihr Leben zu übernehmen. Doch wo Schatten ist, da ist auch Licht. Kürzlich las ich im *Spiegel* einen interessanten Artikel über eine Frankfurter Fondsmanagerin, die sich innerhalb weniger Jahre zu einem gefragten Jungstar der Finanzwelt entwickelt hatte. Sie hatte mehrere hunderttausend Euro auf ihrem Privatkonto verbucht, hochdotierte und begehrte Auszeichnungen eingeheimst, war Cabrio gefahren und hatte in der schillernden Welt der Reichen und Schönen gelebt. Doch statt überaus glücklich über diesen Erfolg zu sein, fiel sie in eine tiefe Sinnkrise. Die Frage, die sich ihr immer wieder stellte, war: »Was trage ich mit meiner Arbeit eigentlich dazu bei, aus dieser Welt einen besseren Ort zu machen?« Auf dem Gipfel ihres Erfolgs kündigte sie. Von heute auf morgen löste sie ihr altes Leben auf, verkaufte ihre Wohnung im schicken Westend, ihr Cabrio und ihre teuren Designermöbel, ging als Aushilfslehrerin an eine Berliner Gesamtschule und leitet heute eine Organisation für ethisch-ökologisches Wirtschaften. Warum? Weil ihr bewusst wurde, dass in ihrem alten Job an der Börse letztlich jeder »Gewinner« immer nur von den »Verlierern« lebt. Eben diese Verlierer lernte sie kennen, als sie als Lehrerin auf die Frage »Was willst du einmal werden?« von den Kindern die Antwort bekam: »Hartz IV!«

Selbstverantwortung zu übernehmen bedeutet gleichzeitig, Verantwortung für andere zu übernehmen, Verantwortung für das Ganze, für das Gemeinwohl, für die Welt. Das heißt, ein Mensch, der für sich selbst Verantwortung übernimmt, beginnt automatisch, über den Tellerrand des persönlichen Vorteils hinauszuschauen und sich in Relation zu seiner Umwelt zu setzen, indem er begreift, dass wir *alle* im selben Boot sitzen und die Schaffung einer gerechten und lebenswerten Welt jeden Einzelnen von uns fordert! Doch leider ist das vielen Menschen noch immer nicht bewusst. Ihnen ist nicht bewusst, dass für ihren »Gewinn« irgendwo anders jemand »verlieren« muss; ihnen ist nicht bewusst, dass jede ihrer Handlungen Konsequenzen für andere hat; ihnen ist nicht bewusst, dass sie sich still und unauffällig ihrer Verantwortung entbinden. Und so ist ihnen nicht klar, wie sie ihre Souveränität leichtfertig aus der Hand geben und welche Macht sie anderen damit geben, wenn sie sagen: »Die anderen werden das schon für mich machen«.

Kommen wir an diesem Punkt zurück zu unserem ursprünglichen Thema der Anlehnungsbedürfnisse. Jemand, der seine Verantwortung – auf welche Weise auch immer – von sich schiebt, indem er sich z. B. für die Lösung seiner Probleme stets an andere als sich selbst wendet oder dem alles außerhalb seines eigenen Dunstkreises relativ egal ist, wählt insgeheim die dick ausgepolsterte Komfortzone des Anlehnens. In dieser fühlt er sich gut aufgehoben und sicher, ohne zu merken, dass er dadurch einen Teufelskreis in Gang gesetzt hat. Hat er sich erst im Strudel des scheinbar unkomplizierten und bequemen Anlehnens verheddert, verliert er den Glauben an sich selbst, es alleine schaffen zu können. So wird er sich immer weiter anlehnen und dadurch immer träger und unfähiger werden, seine körperlichen, seelischen, ökonomischen oder zwischenmenschlichen Probleme selbst zu erkennen und zu lösen: Er wird von Beziehung zu Beziehung hetzen, Pille für Pille schlucken, Technik für Technik ausprobieren, von Coach zu Coach und von Seminar zu Seminar pilgern, eine kurze Befriedigung oder Sättigung verspüren und dann wieder von vorne beginnen, weil er merkt, dass sein Problem nicht verschwunden ist, sondern sich nur verlagert hat. Durch Verlagerung aber löst man keine Probleme. Probleme löst man einzig durch das Akzeptieren und auch Umsetzen der schlichten und einfachen, doch für viele *unbequemen* Wahrheit:

Ich selbst bin die Lösung – für alles.

Wir selbst sind die Lösung für alles, denn alles ist in uns. Jede Antwort. Jede Lösung. Jede Erlösung. Alles, was wir »tun« müssen ist, still zu werden im Herzen und auf die Antwort zu lauschen. Das ist alles, mehr wird nicht verlangt. Ist dieses Wenige wirklich so unbequem?

Im Lauschen liegt die Lösung, und im Grunde zielen alle Übungen und Meditationen dieses Buches einzig und allein auf das innere lauschen Können ab. Doch manchmal fällt dieses Lauschen schwer; ja, häufig will es sogar partout nicht gelingen! Der Grund ist der, dass jedes latente Anlehnungsbedürfnis einen starken inneren Konflikt erschafft, der den Zugang zum innersten Selbst blockiert und uns damit auch zwangsläufig von der inneren Lösung fernhält. Dieser Konflikt entsteht dadurch, dass bewusst oder unbewusst irgendein Teil von sich selbst abgelehnt, missbilligt oder verurteilt wird. Vielleicht sieht und empfindet man sich insgeheim als wertlos, hässlich, sündig, nicht gut genug, schuldig, naiv, unwürdig oder Ähnliches. Die Gründe für die Ablehnung bzw. Abwertung können sehr vielfältig sein, ihrem Kern nach entspringen sie jedoch alle nur einer einzigen gemeinsamen Ursache: Der betreffende Mensch hat vergessen, *wer* er ist! Er hat vergessen, dass er ein vollkommen geschaffenes, göttliches Seelenlicht ist; dass er gut ist, dass er liebenswert ist, dass er die Liebe selbst *ist*! Und er hat vergessen, dass er vom ganzen Leben, vom ganzen Universum auf ewig geliebt *wird*, denn das Universum sieht einen Menschen immer so, wie er wirklich ist. Es kennt nur ein einziges Urteil und dieses besagt:

»Du bist, wie du bist. Und du bist liebenswert – um deiner selbst willen.«

Du bist, wie du bist, und so, wie du bist, bist du gut. Das bedeutet, du bist hier und jetzt genau so, wie das Universum dich haben wollte und haben will. Hätte es dich anders gewollt, hätte es dich anders erschaffen! Wer bist du, dass du dein eigenes Urteil über das des Universums stellen könntest? Wer bist du, über dich selbst zu urteilen? Willst du dem Universum wirklich unterstellen, Fehler zu machen? Willst du ihm wirklich unterstellen, lausig und dilettantisch zu arbeiten? Denn genau das tust du, wenn du dich selbst als irgendetwas anderes siehst als vollkommen erschaffen. Mit jedem gegenteiligen Glauben frönst du deinem eigenen Größenwahn, deiner eigenen Affektiertheit und stellst die Unfehlbarkeit des Universums in Frage – und gleichzeitig deine eigene in den Vordergrund.

»Ich bin gut so, wie ich bin und werde vom Leben auf ewig geliebt« – die Wahrheit dieser Worte musste auch ich im Laufe meines Lebens erst Schritt für Schritt annehmen und zu integrieren lernen. Denn ich bin mir darüber klar, dass auch ich mich viele Jahre an etwas »außerhalb« von mir angelehnt habe, weil ich mich selbst weder für liebenswert genug noch für vom Universum vollkommen erschaffen hielt. Aus diesem Grund suchte ich viele Jahre lang immer wieder nach der perfekten Beziehung, nach der perfekten Ehe und dem perfekten Partner: dem Partner, der mir ein Gefühl von Sicherheit und angenommen Sein vermitteln konnte, an den ich mich halten und an dessen Schulter ich mich ausweinen konnte; dem Partner, der meinem Leben eine Richtung gab, weil ich selbst keine sehen konnte.

Natürlich gab es diese »perfekte« Beziehung und diesen »perfekten« Partner nirgendwo sonst als in meinen Träumen. Und tief in mir wusste ich das auch irgendwie, wollte es aber nicht wahrhaben. Und so machte ich mich in vielen meiner Beziehungen lieber klein und verbog mich lieber, als das ich es zugelassen hätte, dass die Beziehung auseinander ging. Viel zu groß war meine Angst! Weniger jedoch die vor dem Alleinsein, sondern vielmehr die, plötzlich auf mich selbst angewiesen zu sein; plötzlich selbst verantwortlich für mein Leben zu sein. Auch in meinem Fall entsprang diese Angst dem unbewussten Glauben, alleine schwach und hilflos zu sein. Die Wende, die mit diesem Glauben endgültig Schluss machte, kam erst, als meine damalige langjährige Ehe unrettbar in die Brüche ging und ich dadurch vom Leben selbst »gewaltsam« auf meine eigenen Beine gestellt wurde. Dieses Ereignis konfrontierte mich knallhart mit mir selbst. Heute kann ich sagen: zum Glück!

Auch wenn die ersten Jahre des Alleinseins nach fünfundzwanzig Jahren Ehe zugegebenermaßen ziemlich »herb« für mich waren, so möchte ich dennoch um kein Geld der Welt in dieses alte Leben selbsterschaffener Abhängigkeit zurück. Es waren nämlich genau die Muster des jahrelangen Sich-klein-Machens und des jahrelangen Anlehnens an einen Partner, die mich hemmten. Sie hemmten mich, zu mir selbst zu stehen und meine eigene Wahrheit zu leben, und schwächten dadurch meine Integrität, meine Kreativität und meine Lebensfreude Tag für Tag und Jahr für Jahr mehr. Die Lebendigkeit in mir wich, sie vertrocknete und verschrumpelte wie ein Apfel, den man den Winter über auf der warmen Fensterbank hatte liegen gelassen. Doch die Lebendigkeit kehrte zurück! Gerade dadurch, dass ich auf einmal »gezwungen« war, auf meinen eigenen Beinen zu stehen und selbst die Verantwortung zu übernehmen, lernte ich das Leben und damit mich selbst kennen. Ich lernte, was alles in mir steckte! Ich erkannte meine Möglichkeiten! In diesem schrittweisen Erkennen wurde die Angst, allein zu sein und es alleine nicht zu schaffen, mehr und mehr Geschichte; sie löste sich auf wie ein diffuser, nebulöser Traum aus einer fernen Vergangenheit, der sich beiseite schiebt, um der strahlenden Schönheit des Wachseins Platz zu machen. Ja, *gerade* die ungehemmte Konfrontation mit der Angst zeigte mir, dass sie in Wahrheit total unbegründet war: Ein Schreckgespenst ohne jede Basis! Und als dieses Schreckgespenst erst einmal verschwunden war, sah und spürte ich es auf einmal ganz deutlich: dass ich unverrückbarer Bestandteil des Lebens bin und das Leben immer für mich sorgt – einfach weil es mich auf ewig liebt.

Unser Körperspiegel gibt uns, wie eingangs erwähnt, Aufschluss darüber, wie es in Sachen Selbstliebe, Selbstverantwortung und Anlehnungsbedürfnisse um uns steht, denn letztere sind einem in der Regel nicht bewusst. Mir waren sie auch nicht bewusst, solange ich in ihnen feststeckte. Es genügt, auf deinen Körper zu achten und zu lauschen, was er sagt: Was sagt dir seine Haltung? Was sagen dir seine Gewohnheiten? Was sagen dir seine Gesten? Schau dir die Wirkungen an und konzentriere dich als nächsten Schritt auf die Ursachen. Das heißt: Zieh deine Schlüsse aus dem, was dein Körper dir mitteilt, und beschäftige dich dann bewusst mit deinem Innenleben. Wage einen Einblick in deinen persönlichen Mikrokosmos aus Gedanken, Gefühlen, Ängsten, Idealen, Vorstellungen, Sehnsüchten usw. Stelle dich insbesondere deinen Gefühlen ohne jede Angst, ohne jede Abwehr und ohne jede Verurteilung, sondern schau sie dir einfach nur ruhig und distanziert an. Fühle sie, lass sie da sein und wenn es sein muss, lass sie sich sogar regelrecht in dir austoben; so lange, bis sie von allein verpuffen. Mach dir bewusst, und das gilt vor allem für quälende oder schmerzende Gefühle: Wenn es manchmal auch keinen Weg hinaus gibt, so gibt es doch immer einen Weg hindurch.

Indem du den *Ein*blick in dich selbst wagst, gewinnst du dadurch automatisch den *Weit*blick. In diesem Weitblick, dieser höheren Perspektive, heilst du dein Innenleben von allem Verdrängten, allem Vergangenen und allem Schmerzenden und hörst wie von selbst auf, dich an andere anzulehnen. Stattdessen vertraust du ganz auf dich selbst, auf deine eigene, von Gott gegebene Integrität. Dieses »Anlehnen« an das *Wahre* lässt den verborgenen Magnetismus für Negatives wie von selbst zunehmend schwächer werden. Vielmehr wirst du von jetzt an zum Magneten für Leichtes, weil du selber leicht bist! Und immer, wenn dich zwischendurch doch wieder mal Gedanken oder Gefühle der Schwäche oder der Unzulänglichkeit heimsuchen wollen und du von Neuem versucht bist, dich um Hilfe für deine Probleme an andere als dich selbst zu wenden, halte einfach nur einen kurzen Moment inne und erinnere dich an die Wahrheit:

»Ich bin im Licht das Licht, ich bin ewig und unendlich geschaffen; ich bin ein Funke des göttlichen Feuers! Deshalb ist alles in mir – alles, was ich wissen muss.«

Du bist ein Funke des göttlichen Feuers, deshalb musst du dich an nichts und niemand anlehnen. Du musst dich an *niemandem* festhalten. Deshalb wirf deine Krücken entschlossenen Mutes fort, du brauchst sie nicht! Wirf sie weg und lehne dich nur noch an dich selbst an, vertraue dich dem Leben an und entfalte dadurch dein höchstes Potenzial. Traue dir, deiner eigenen Göttlichkeit, und sieh dich selbst als das unschuldige Kind des Lebens, das sich seiner Mutter oder seinem Vater frohen Mutes und ganz ohne Angst anheimgibt, um an deren Hand mit einem leidenschaftlichen *Ja!* durchs Leben zu gehen und keine einzige Erfahrung auf dem Weg auszulassen. Aus dieser erhabenen Sicht lässt du das Muster des Sich-anlehnen-Wollens an jemanden, der »besser« ist als du, der »schöner«, »gescheiter«, »stärker«, »erfolgreicher« oder »gebildeter« ist, ein für allemal hinter dir. Stattdessen breitest du mutig deine Schwingen gen Himmel aus und wagst voller Freude den Sprung ins Leben. Jetzt hast du keine Angst mehr abzustürzen, weil du endlich die Wahrheit erkannt und im eigenen tiefsten Herzen erfahren hast:

Alles fügt sich immer so, wie es sich im Plan für mein Leben fügen soll. Mir kann nichts passieren. Ich kann nicht scheitern. Ich kann höchstens mich selbst finden.

Übung: Anlehnungsbedürfnisse erkennen

Lege oder setze dich in eine für dich angenehme Position und entspanne dich, indem du wieder einige Zeit deinen Atem beobachtest. Geh tief in diese Entspannung hinein und stell dir im Geiste folgende Sinnfragen:

1. Lehne ich mich an irgendetwas oder irgendjemanden in meinem Leben an? Wenn ja, an wen?
»Lehne ich mich an meinen Partner an?«
»Lehne ich mich an meine Beziehung an?«
»Lehne ich mich an meinen Freundeskreis an?«
»Lehne ich mich an meinen Job an?«
»Lehne ich mich an mein Hobby an?«

2. Warum lehne ich mich an?
»Warum lehne ich mich an meinen Partner/meine Beziehung/ meinen Freundeskreis/meinen Job/mein Hobby an?«

Nachdem du die zweite Frage gestellt hast, bleib ruhig und entspannt und lausche, was in dir hochkommt. Die Gründe für ein Anlehnungsbedürfnis können sehr vielfältig sein:

»Ich lehne mich an meine/n Partner/in an, weil er/sie das Geld mit nach Hause bringt.«

»Ich lehne mich an meine Beziehung an, weil ich Angst vor dem Alleinsein mit mir selbst habe.«

»Ich lehne mich an meinen Freundeskreis an, weil ich mich alleine als hilflos empfinde.«

»Ich lehne mich an meinen Job an, weil ich Angst vor finanzieller Unsicherheit habe.«

»Ich lehne mich an mein Hobby an, weil ich Angst vor Langeweile und Leere habe.«

Selbstverständlich können die hier aufgezählten Sätze nur als mögliche Beispiele und Anhaltspunkte dienen. Für jeden Menschen sind die Gründe für sein Anlehnen andere, zumindest oberflächlich betrachtet; die Grundursachen sind immer die Unsicherheit bzw. die eingebildete Schwäche, die durch das Leugnen der eigenen göttlichen Identität notgedrungen entstehen müssen. Doch nun ist uns unser zuvor unbewusstes Anlehnungsbedürfnis bewusst, wir können es klar und deutlich erkennen und sehen auch die Ursache dafür. Dieses bewusste Sehen ermöglicht es, über sie alle hinauszugehen. Dies geschieht in der Regel ganz von selbst. Meist genügt es schon, sich seiner unbewussten Anlehnungsbedürfnisse bewusst zu werden, um sie alle hinter sich zu lassen. Wenn du möchtest, kannst du die Übung jedoch zusätzlich noch mit folgenden Gedanken abschließen:

»Ich bin im Licht das Licht.
Ich bin ewig und unendlich geschaffen.
Ich bin ein Funke des Göttlichen.
*An **das** darf ich mich anlehnen.«*

Die Übergabe

Alles ist in dir, weil du in allem bist; du selbst bist das ganze Leben. Was bedeuten diese beiden Aussagen für dich? *Was* ist das Leben? *Wie* ist es? Ist das Leben klein und schwach oder groß und mächtig? Ist es ängstlich und zaghaft oder mutig und wild? Ist es Opfer seiner selbst oder Schöpfer seiner selbst? Kurzes Nachsinnen darüber genügt und dir wird es von selbst einleuchten: Das Leben ist vollkommen! Es ist genial! Es ist höchste Intelligenz! Es hat ein geniales Universum erschaffen, eine geniale Erde und eine geniale Natur! Nichts ist vergessen worden und es gibt es nichts, das fehlt. Alles ist wunderbar vollkommen.

In diesem Erkennen schau dir jetzt deine inneren Anlehnungsbedürfnisse noch ein letztes Mal gründlich an und verabschiede dich dann endgültig von ihnen, indem du zu ihnen sagst:

»Ich bin frei von Hilflosigkeit.
Ich bin frei von Schwäche.
Ich bin frei von Ohnmacht.

Das Leben hat mich nach seinem Willen geschaffen.
Somit bin ich das Leben, und das Leben ist höchste Intelligenz!
Es weiß alles über mich und erkennt meine Fähigkeiten und
Talente besser, als ich selbst es tue.

Als Kind des Lebens bin ich seiner Fürsorge würdig und es wird
sich immer um mich kümmern. Es weiß, wo es mich einsetzen
kann und auch, warum. Es erfüllt alle meine Bedürfnisse auf die
richtige Art – eine Art, die ich nicht kenne, aber die gut ist.«

Mit diesen Worten bestätigst du dein Vertrauen in das Leben und kannst deine Angelegenheiten leichten Herzens in dessen offene Hände legen. Du darfst es üben, eine gute Zeit dafür ist der Moment kurz vor dem Einschlafen. Leg alles sanft in die Hände des Lebens, indem du einfach sagst:

»Ich gebe alles ab – ich übergebe alles an das Leben, an Gott, der meine einzige Quelle ist. Ich übergebe meinen Körper, meinen Geist, meine Probleme, meine Beziehungen, mein Streben, meine Angst und meine Zukunftswünsche und vertraue ganz auf des Lebens liebende Fürsorge.«

Mach dir klar: Du darfst jederzeit alles abgeben; alles, was dir in irgendeiner Weise durch den Kopf gehen mag oder dich aktuell in deinem Leben beschäftigt, Positives wie Negatives. Du darfst das Leben bitten, sich um alles zu kümmern, und sei sicher, es *wird* sich darum kümmern, denn das ist sein »Job«! Gib alles ab, lehn dich zurück, atme tief durch und freue dich. Freue dich, dass das Leben nun endlich alles für dich nutzen, alles für dich tun und alles für dich möglich machen kann, einfach weil du ihm alles, was *dein* Leben betrifft, freiwillig gegeben und nichts für dich behalten hast. Du hast dem Leben dein Leben gegeben! Kann es einen besseren Vertrauensbeweis geben? Kann es etwas *Heiligeres* geben?

Im heiligen Augenblick deiner Übergabe stehst du wieder fest und aufrecht auf deinen eigenen Beinen und kannst dich unbekümmert und voller Zuversicht vom Fluss des Lebens tragen lassen. Egal, an welche Strände dieser Fluss dich auch immer treiben mag: Du bleibst stabil und standhaft, wie ein mächtiger alter Baum. Vielleicht werden Wind und Wetter an dir peitschen oder Blitz und Donner dich umwirbeln, um dich zu Fall zu bringen, doch du bleibst unerschütterlich stehen. Du bist so stark, dass nicht einmal eine tobende Sintflut dich mitreißen könnte, denn dein Stamm wurzelt nicht länger auf oberflächlichem, porösem Gestein, sondern in tiefer, fester Erde.

Die tägliche Übergabe ist eine unglaublich große innere Befreiung. Von diesem einen Augenblick an gibt es keinen Verlust mehr. Man hat doch alles abgegeben! Sogar sich selbst. Es gibt keinen Verlust mehr, aber auch keinen Gewinn. Denn alles, was man gewinnt, übergibt man sogleich. Alles wird mit demselben sanften Gleichmut angenommen; alles, was das Leben schenkt. Dadurch bewahrt man in jeder Situation seinen Frieden: in der Freude genauso wie im Leid, im Vergnügen genauso wie im Schmerz, im Triumph genauso wie im Fall. Denn jetzt ist man von allem frei!

Dieses sanfte Abgeben, dieses vertrauensvolle alles-Hingeben, ist kein einmaliger Vorgang, sondern fließend und dauerhaft. Mit ein wenig Übung wird es zu einem stetigen und sofortigen Reaktionsmuster auf alles, was einem im Tagesgeschehen widerfährt. Erfährst du Unangenehmes, sage sofort:

>>*Ich übergebe dies dem Leben*<<
oder konkreter:
>>*Ich übergebe dies dem Göttlichen in mir.*<<

Erfährst du Angenehmes, machst du es genauso. Behalte nichts für dich und du wirst von allem frei, von jedem inneren und äußeren Umstand, und bleibst dadurch immer in der herrlichen Energie inneren Friedens.

Beurteilen wir nichts mehr als gut oder schlecht und lassen alles gleichermaßen zu, so lassen wir unseren persönlich-begrenzten Bezugsrahmen hinter uns und zeigen Reife. Wir reifen in der Erkenntnis, dass uns der nötige Überblick zum Urteilen fehlt und dass unser eigenes kleines Urteil niemals rechtskräftig sein kann, denn nur das Leben hat den notwendigen Überblick zum Urteilen und nur das Leben kennt den nächsten Schritt für uns. Nicht wir. Wir kennen höchstens unsere persönlichen Vorlieben und Abneigungen, anhand derer wir unser Leben zu planen und anzupassen versuchen. Aber mal ehrlich: Letztendlich kommt es doch sowieso immer anders, als man plant, oder?

4. Krieg und Frieden

Ich suchte meinen Glauben – und fand ihn nicht.
Ich suchte meinen Gott – und fand ihn nicht.
Ich suchte meinen Nächsten – und fand alle drei.

Unbekannter Verfasser

Die rote Karte

Die Natur der Liebe ist Ausdehnung. Das bedeutet, wenn ich Liebe zu mir selbst entwickle, beginnt die Liebe, sich mit der Zeit automatisch auch auf meine Mitmenschen und meine ganze äußere Welt hin auszudehnen. Eine Welt des liebevollen Dienens entsteht, eine Welt des »jeder für jeden«.

Noch allerdings ist die Welt zu großen Teilen »lieblos« und noch regiert das gegenteilige Prinzip »jeder *gegen* jeden«. Schon die kleinsten harmlosesten Situationen des alltäglichen Lebens offenbaren oft diesen kümmerlichen Umstand. Die rote Karte für ihr Gegenüber halten viele Menschen stets griffbereit und wird sogleich gezückt, sobald sich ihr kleines Ego angegriffen fühlt: Sofort gibt es Zank und Streit, wenn der Zaun des Nachbarn auch nur einen Zentimeter über das eigene Grundstück verläuft; sofort wird (laut oder leise) geflucht und gemaßregelt, wenn ein anderer den letzten freien Parkplatz wegschnappt, die Vorfahrt nimmt oder sich mittags in der Kantine in der Schlange frech vordrängelt. So schnell überkommen unseren Geist Gefühle des angegriffen-Seins, des ungerecht-behandelt-Werdens und damit zwangsläufig des Ärgers und machen mit dem inneren Frieden kurzen Prozess.

An sich sind all diese Dinge bedeutungslos, nicht aber für denjenigen, der die Liebe noch nicht kennengelernt hat, nicht für denjenigen, der für sich *allein* lebt. So jemand fällt statt unter das Gesetz der Liebe, das nur Ausdehnung und Dienen ist, unter das weltliche Gesetz von Ursache und Wirkung. Er erntet Streit, weil er Streit sät. Ihn ereilt Schmerz, weil er Schmerz spendet. Ihm begegnet Gewalt, weil er Gewalt anbietet. Das ist das festgefahrene Trauerspiel, in welchem die Welt zu großen Teilen noch immer feststeckt: eine Welt, die vom kollektiven Egowahn und damit der kollektiven Abschottung beherrscht wird, statt sanft von der Liebe und damit der mitfühlenden Empathie regiert zu werden.

Die Fähigkeit zur Empathie, zum Sich-hineinfühlen-Können in andere, ist ein primäres Wesensmerkmal der unpersönlichen, ursprünglichen Liebe. Bei Menschen aber, deren innerer Standpunkt ausschließlich auf der Parole »Ich und die anderen« beruht, ist diese elementare Fähigkeit oftmals arg verkümmert oder sogar ganz verloren gegangen. Sie können ihren Nächsten nicht »spüren«, ihn nicht »verstehen« und auch nicht in ihrem Innersten als Teil von sich selbst erfassen. Ihre Denkweise verhindert, nein besser: *verbietet* es, denn Empathie würde Annäherung, Angleichung, geistige Intimität bedeuten und das könnte ihrer fundamentalen Überzeugung von Separation gefährlich werden.

Der Glaube an Separation ist das Ego, das Ich.
Der Glaube an Verbundenheit ist die Seele, das Selbst.

Der Glaube an Separation verhindert die Fähigkeit zur Empathie. Ein Mensch, der an Separation glaubt, glaubt an das Ego. Und so begreift er nicht, *warum* sein Nächster so denkt, so fühlt und so handelt, wie er nun mal handelt, und so bleibt dieser für ihn nichts weiter als ein großes Fragezeichen, ein Verrückter, der aus scheinbar unerfindlichen Gründen verrückte Dinge tut, und gerade, *weil* das Ego seinen Nächsten für verrückt hält, gerade *weil* es dessen Denken und Handeln nicht verstehen und nachvollziehen kann, gerade deshalb macht es ihn immerzu zur Projektionsfläche seiner Angriffe und Anschuldigungen.

In Wahrheit ist nur das Ego verrückt, oder besser gesagt: der Glaube an das Ego. Denn nur dem Ego erscheint Angriff als gerecht und fair – einfach weil es sich selbst ständig angegriffen fühlt!

So wie das Ego an sich nichts weiter als ein strukturelles Denkschema ist, so ist auch die Welt, die es uns wahrnehmen lässt, nichts weiter als eine Fantasiewelt: ein Paralleluniversum, das in viele verschiedene und voneinander völlig unabhängige Teile aufgespalten ist, welche untereinander in keinerlei Beziehung stehen. Ein riesiges, unzusammenhängendes Puzzle, in welchem jedes Teilchen nur für sich allein steht und scheinbar in keiner Weise mit einem anderen zusammenpasst. Eine Scheinwelt, in der Tat. Denn in Wirklichkeit ist das genaue Gegenteil der Fall: Alles greift ineinander und alles ist mit allem verbunden, weil alles aus demselben »Stoff« gemacht ist und alles demselben kosmischen Urquell entspringt. Ein Mensch aber, der nur die isolierende, trennende, schneidende Sichtweise des Egos kennt, kann dies so nicht wahrnehmen. Er sieht nur »sich und die anderen« und dies macht wirkliches Verstehen, wirkliches Annehmen, wirkliches Vertrauen, wirkliches Lieben, wirklichen Frieden unmöglich. Im Gegenteil, dieses Denken ist bittere Garantie dafür, dass sich auch in diesem neuen, noch so jungen und hoffnungsvollen Jahrhundert der Streit, das Unverständnis, der Konflikt, der Krieg und damit das Leid einmal mehr wiederholen und vielleicht sogar noch steigern werden.

Das Phantom des menschengemachten Leids verfolgt uns schon viel zu lange, der Zeiger steht bereits auf zwölf. Die Zeit ist jetzt für einen rigorosen Neuanfang reif. Sie verlangt danach, denn nur eine völlige Umkehr unseres Denkens kann diese Erde retten, und diese Umkehr fordert jeden Einzelnen; *sie fordert dich!* Deshalb geht der Appell, der Notruf, an dieser Stelle auch ohne Umschweife direkt an dich: Wie steht es mit dir? Bist du bereit, dein Denken grundlegend zu ändern? Bist du bereit, dein Gegenüber bis in die tiefste Stelle eurer beiden Herzen hinunter anzunehmen und zu lieben? Bist du bereit, nicht nur über den Wandel zu lesen, sondern ihn auch im »echten« Leben zu praktizieren? Die Stunde der Wahrheit ist angebrochen. Machen wir den unbequemen, aber unausweichlichen Test. Schau auf dich selbst und beobachte aufmerksam deine eigenen Reaktionen:

- Wie reagierst du, wenn dein Nachbar Gartenabfälle verbrennt und der Wind den ganzen Qualm zufällig in deine Richtung weht?

- Wie reagierst du, wenn dich ein Unbekannter auf der Straße anrempelt oder dich sogar regelrecht über den Haufen läuft und sich anschließend nicht einmal nach dir umdreht?

- Wie reagierst du, wenn dein Freund oder deine Freundin die geplante Verabredung vergisst und dich Stunden im Restaurant warten lässt?

- Wie reagierst du, wenn der Abteilungsleiter dir zwischen Tür und Angel sagt, dass er mit deinem Projekt unzufrieden ist? Einem Projekt, in das du so viel Zeit, Schweiß und Herzblut investiert hast?

Ganz ehrlich: Wie würdest du reagieren? Wie würdest du dich fühlen? Aufgebracht, frustriert, wütend, erbost, rebellierend? Oder ruhig, nachsichtig, tolerant, friedlich und vergebend? In der Regel wohl Ersteres, oder? Aber sei unbesorgt: So ergeht es den meisten von uns. Bei den meisten von uns tritt zuerst einmal das sich angegriffen fühlende Ego auf den Plan. Aber wenn wir möchten, können wir darüber hinausgehen. Wir können lernen, mitfühlend und liebevoll zu denken; wir können lernen, zu vergeben; wir können lernen, *empathisch* zu sein, und so in jeder Situation friedvoll bleiben. Nicht, um zum herzensgütigen Samariter für unsere Mitmenschen zu werden, sondern um uns selbst gut zu fühlen. Genau das ist praktizierte Selbstliebe, auch wenn es auf den ersten Blick wie Nächstenliebe aussieht, denn du und dein Gegenüber, ihr existiert nicht getrennt voneinander. Ihr beide seid Teil eines großen Ganzen, Teil des Lebens, Teil von Gott. Alles, was euch trennt, sind nur eure eigenen angreifenden und abwehrenden Gedanken. Beseitige die deinen und du beseitigst die seinen. Und so rettest du die Welt.

Tief in jedem von uns gibt es eine Dimension, die nur Frieden, nur Liebe, ist. Aus der Sicht des Egos scheint diese Dimension konträr und unerreichbar, doch in Wirklichkeit ist sie viel näher, als wir glauben. Denn *sie* ist unser wahres Selbst, die strahlende Mitte unseres leuchtenden Wesens. Unsere Seele sucht diese Dimension. Sie sucht ihre Heimat. Sie sucht die Liebe. Ja, sie dürstet regelrecht danach! Wenn wir möchten, können wir ihr auf ihrer Suche helfen, indem wir nach innen schauen. Und indem wir mithilfe der Vergebung das reinigen, was wir im Innen (und Außen) sehen. Nur vom Innen, vom Vergeben, zu reden, nützt allerdings nicht viel. Im Reden bleiben wir im Reden und nicht im Erkennen. Also reden wir nicht länger davon – tun wir es! Ein Goldgräber findet nur dann Gold, wenn er zu schürfen beginnt. Fangen wir an, in uns selbst zu schürfen; finden auch wir unser Gold, in Form von Frieden.

Vergeben ohne gutzuheißen

Alle äußeren Geschehnisse im Leben stellen symbolisch den Inhalt unseres eigenen (individuellen wie kollektiven) Unbewussten dar. Unser Geist ist wie ein Eisberg in der Arktis: Nur ein kleiner Teil ist sichtbar, während drei viertel davon unter dem Meeresspiegel verborgen liegen. Unser (kollektives) Unbewusstes ist ein riesiger Erinnerungsspeicher, eine gigantische Festplatte, in der die ganze Menschheitsgeschichte, zurück bis zu den Anfängen, eingeschrieben ist. Nach C. G. Jung ist das kollektive Unbewusste eine Lagerstätte des psychischen Erbes der Menschheit, welches sich, ähnlich wie der biologische Körper, durch die Evolution hindurch entwickelt (hat) und durch die verschiedenen menschlichen Erfahrungen geprägt wird. Das bedeutet, jede individuelle Erfahrung, die ein Mensch macht oder jemals gemacht hat, wird Teil des kollektiven Unbewussten.

Hier – gut verborgen und ganz unbemerkt – schlummern all die grausamen und lieblosen Erfahrungen, all die Verfolgungen, die Kämpfe, die Kriege, die Sklaverei, der Terror, die Gewalt und die Aggressivität, die auf dieser Welt in der Vergangenheit stattgefunden haben und sich weiter fortsetzen werden, bis diese negativen, traumatischen Schichten eines Tages bewusst angeschaut und durch Vergebung aufgelöst werden.

Dank des äußeren Spiegels ist es möglich, die kollektiven Geheimnisse in uns offenzulegen und zu heilen. Praktisch heißt das: Immer, wenn wir hinschauen und vergeben, wenn ein Mitmensch seinen unbewussten Geistesinhalt auf uns projiziert, uns beschuldigt, anklagt, angreift, beschimpft oder provoziert, durchbrechen wir den unbewussten Mechanismus des Reagierens und unser Unbewusstes wird von einem Stück Vergangenheit geheilt. Und das Beste: Diese Heilung findet ganz ohne weiteres Zutun unserer selbst statt! Alles, was *wir* tun müssen, ist nur, uns bereit zu erklären, alles ehrlich vergeben zu wollen, was uns an »Bösem« widerfährt.

Doch einen Moment bitte: Bedeutet Vergebung, von nun an automatisch alles gutzuheißen und völlig unkritisch und unreflektiert zu akzeptieren oder hinzunehmen? - Ganz gewiss nicht! Vergeben heißt nicht, Böses gutzuheißen. Man muss das, was ein anderer Mensch getan hat, oder das, wodurch er uns verletzt hat, nicht als gut oder gar gerechtfertigt erachten. Im Gegenteil, mit diesem Vorgehen würde man nur von Neuem beginnen, sich selbst zu erniedrigen, indem man sich als der Verletzung würdig beurteilt. Nein, für gezielte Verletzung, vorsätzliche Kränkung oder gar Gewalt (einerlei, ob physischer oder psychischer Natur) gibt es niemals eine Rechtfertigung. Für Vergebung allerdings schon.

Vergebung gewähre ich zwar auf den ersten Blick jemand anderem, jemandem, der mich verletzt hat, in Wahrheit aber gebe ich sie immer nur mir selbst. Indem ich meinem Gegenüber vergebe, schließe ich in erster Linie Frieden mit *mir*, weil ich mich von den Gefühlen der Schuld, der Bitterkeit, des Schmerzes und dem Bedürfnis nach Angriff und Revanche befreie. Ich vergebe nicht, weil ich so ein guter Mensch bin, sondern einzig und allein, weil ich mich selbst liebe und weiß, dass es mir nicht gut geht, wenn ich weiter Schuld- und Angriffsgedanken hege. Ich leide an ihnen und leiden möchte ich nicht! *Deswegen* vergebe ich, aus keinem anderen Grund.

Erst, indem ich Frieden mit mir selbst schließe, kann der Friede mit jemand anderem in Betracht kommen, denn wie könnte man mit jemandem im Außen im Frieden sein, wenn im Innen nach wie vor Krieg und Verbitterung herrschen! Der Friede mit dem anderen wird von selbst kommen – und wenn dieser Friede vielleicht auch »nur« darin besteht, dass ich diesem anderen in Zukunft nicht mehr begegnen werde und er mich deshalb auch nie wieder verletzen kann.

Vergeben bedeutet verzeihen, nicht gutheißen.

Vergebung wird nicht von Person zu Person gegeben. Vergebung geschieht von Seele zu Seele, durch das Verzeihen äußerer Symbole.

Jede Situation in unserem Leben, jeder Mensch, ja sogar unsere Haustiere sind ein Spiegel, ein Symbol dessen, was unbewusst in unserem eigenen Geist ist. Wir sehen unsere »Fehler«, unsere Urteile und Konflikte, unseren Neid, unsere Widerstände, aber auch unsere Liebe, unser Vertrauen, unsere Offenheit und unsere Wertschätzung in den Situationen und Menschen um uns herum gespiegelt, weil alle diese Dinge in uns sind und wir sie nach außen projizieren – ob wir wollen oder nicht.

Jeder Mensch projiziert, sein Leben lang. Er kann gar nicht anders, denn sobald ein Mensch in Bezug zu seiner Außenwelt tritt, beginnt die Projektion automatisch. Das Innen kehrt sich nach außen und nimmt im Außen die Form an, die ihm das

Innen vorgibt. Das bedeutet, ein Mensch, der innerlich zum Beispiel Anteile ungeheilter Aggressivität oder Misstrauen mit sich trägt, wird auch die Situationen im Außen vielfach als Angriff oder Provokation auffassen. Ob nun diese Situationen objektiv betrachtet *tatsächlich* Angriffe oder Provokationen darstellen, sei dahingestellt, doch in seinem Bewusstsein nimmt er es subjektiv mit großer Wahrscheinlichkeit als solche wahr, weil er eben sein Inneres nach außen projiziert. Wie zuvor einmal angedeutet, gibt es in Wahrheit keine wirkliche Trennung zwischen »innen« und »außen«; alles ist eins, das Innen und das Außen, weil seiner Essenz nach alles nur aus Geist, aus Bewusstsein, besteht, sich alles im Bewusstsein abspielt und es nur *ein* Bewusstsein gibt. Projektion ist daher in Wirklichkeit nichts anderes als eine Verschiebung der Ebenen, ein Wechsel der Dimension innerhalb ein und desselben Bezugrahmens.

Doch kehren wir zum Praktischen zurück. Die Tatsache der fortwährenden Projektion können wir nicht ändern, doch können wir sie uns zunutze machen, indem wir uns von unserer Außenwelt unser Unbewusstes zeigen lassen und es durch Vergebung heilen. Unsere Außenwelt zeigt uns *alles*, was in uns noch nicht geheilt ist, seien es nun Muster von Aggression, Selbstverurteilung, Schuldzuweisung, Wertlosigkeit oder Ähnlichem. Im Grunde können wir unserer Umwelt für ihre »Spiegelfunktion« dankbar sein, denn ohne diese würden wir vielleicht überhaupt nie die Chance dazu bekommen, diese negativen Muster in uns der Heilung zu überbringen!

Indem wir uns trauen, den äußeren Bildern zu vergeben, vergeben wir uns selbst im Inneren und erkennen, dass nichts an unseren Lebensumständen und den Menschen in unserem Umfeld und ihrem Verhalten verkehrt ist. Sie alle helfen uns, unseren Geist zu schulen und eine höhere Entwicklung im Leben in Gang zu setzen. Sie alle helfen uns, zur *Wahrheit* zu gelangen und sie als solche zu erfahren:

Die Liebe ist in allem. Sie ist ebenso in mir wie auch in meinem Nächsten.

Verinnerlichen wir diesen Punkt ganz deutlich: Jeder Mensch, jedes Wesen, trägt in sich das gleiche ewige Leben und die gleiche ursprüngliche Liebe, wie ich selbst sie in mir trage. Das ist das unsichtbare, auf ewig unantastbare Band, das uns alle untrennbar miteinander verbindet. Doch wenn das so ist: Wen greife ich dann an, wenn ich jemand »anderen« angreife? Wen beschuldige ich? Wen bekämpfe ich? Wen verletze ich? Nur mich selbst! Ist es für jemanden, der *das* sieht und auch so fühlt, nicht unmöglich, etwas anderes zu sagen als: »Ich vergebe dir«?

Wir selbst haben unser Schicksal in der Hand; mit jedem Gedanken, den wir denken, mit jedem Wort, das wir sprechen, und mit jeder Handlung, die wir ausführen, lenken wir es entweder in die eine oder in die andere Richtung. Vergeben ist heilen. Wir haben immer die Wahl: Entweder wir heilen uns selbst und damit das kollektive Unbewusste oder wir verletzen uns weiter selbst und fügen dem kollektiven Unbewussten weitere ungeheilte Schichten hinzu. Entweder beginnen wir, das erste Mal in unserer Geschichte eine ganz neue, *geheilte* Welt zu bauen, oder wiederholen einmal mehr unsere bisherige, *schmerzende* Geschichte und rücken damit nur noch ein Stückchen näher an den Abgrund. Wählen tun wir immer, bewusst oder unbewusst.

Was wählst du?

Schuld und Sühne

Die eigene Erfahrung hat mir gezeigt, dass Vergebung für jemand »Fremden« oft einfacher ist als Vergebung für sich selbst. Die Überzeugung, schuldig und der Vergebung unwürdig zu sein, sitzt oftmals einfach zu tief. Die Gründe für solche Überzeugungen können dabei äußerst vielfältig sein, zum Beispiel traumatische Erfahrungen in der Kindheit (man denke nur an sexuellen Missbrauch!) oder das Verursachen von Taten, die aus Unachtsamkeit oder Unwissenheit heraus geschahen, wie das Verursachen eines schweren Unfalls, vielleicht sogar mit Todesfolge.

Bleiben wir beim Beispiel mit dem Unfall. Angenommen, ein Mensch hat aus Unachtsamkeit oder Fahrlässigkeit einen schweren Unfall verursacht und verurteilt sich jetzt dafür: Er ist trotzdem der Vergebung würdig, denn auch, wenn er es sich selbst momentan nicht zugestehen kann, auch wenn er als Person für den Unfall eindeutig verantwortlich ist: In seinem tiefsten Inneren ist er doch unschuldig daran! Oder kann eine *Seele* schuldig sein? Kann sie je anders sein, als sie geschaffen wurde? Kann sie je ihre Unschuld verlieren? Kann sie je anders handeln, als es ihrem Seelenplan entspricht? Nein. Die Seele, unser Selbst, wohnt so tief in uns, dass sie von Geschehnissen an der Oberfläche, Geschehnissen, die unsere *Person* betreffen, niemals auch nur im Geringsten berührt werden kann. Sie bleibt ewiglich, wie sie geschaffen wurde: strahlend rein und makellos. Doch stellen wir uns vor, der Unfallverursacher weiß dies alles und ist sich dessen vollkommen bewusst. Wird es ihm helfen? In seiner Situation wohl wenig. Zu tief sitzen die Schuldgefühle und zu sehr schmerzen die Selbstvorwürfe, als dass rationales Wissen und Verstehen

Linderung bringen könnten. Dennoch, es gibt ein Instrument, das auch in solchen ausweglos erscheinenden Situationen die Vergebung (für sich selbst) ermöglicht. Dieses Instrument heißt Reue. Schon der altehrwürdige Buddha vermittelte uns diese tiefe Weisheit, als er sagte:

Bereuen des Unrechts bringt Vergebung.

Übung: Die Reueenergie aktivieren

Die Energie der Reue, die Energie der Aussöhnung mit einem Geschehen, ist mit der richtigen Herangehensweise relativ einfach zu aktivieren. Im Grunde genügt dazu bereits ein einziger, ehrlich ausgesprochener Gedanke: »Es tut mir leid.«

1. Konzentriere dich auf eine Situation, die dir Schuldgefühle bereitet oder die dich schmerzt. Diese Situation kann ein gegenwärtiges, aber auch ein weit zurückliegendes Ereignis sein; ja, vielleicht sogar ein Ereignis aus der Kindheit. Vielleicht hast du damals einem anderen körperlichen Schaden zugefügt oder eine kränkende Antwort gegeben, vielleicht hast du jemand anderen oder dich selbst sogar ernstlich verletzt. Aktiviere die Energie der Reue, indem du sagst:

»Es tut mir leid. Ich bereue dies und werde es nicht mehr tun.«

2. Warte einige Zeit und lass die Worte auf dich wirken. Nun lass den Grund für dein Schuldgefühl weg und spüre die Energie der Reue einfach so. Lass das Gefühl der Reue regelrecht in dir brennen.

3. Lenke jetzt die Energie der Reue, die du aufgebaut hast, auf den Lebensbereich, mit dem du dich jetzt gerade auseinandersetzt und den du dir selbst momentan vielleicht nicht vergeben kannst. Nun warte einfach ab.

Echtes Bedauern fühlt sich wie ein inneres Feuer an. Man beginnt zu brennen – aber keine Angst, es ist ein heilendes, ein reinigendes Feuer! In seiner Glut verbrennen alle Schuldgefühle zu Asche. Reue ist die Morgensonne, die den nächtlichen Schatten der Schuldgefühle auflöst und zur Erkenntnis führt, dass die Seele all dies, wofür man sich schuldig gefühlt hat, für sich selbst so gewählt hat. Sie hat es gewählt, weil sie daran lernen wollte, weil sie lernen wollte, sich endlich wieder an eines der wichtigsten Gesetze der Liebe, ja, des ganzen Universums zu erinnern: ewige Unschuld[8]. Aus dieser bahnbrechenden Erkenntnis heraus blüht im Bewusstsein plötzlich eine große, eine sehr große Dankbarkeit dem Leben gegenüber auf. Die Schuld hat sich in Dankbarkeit verwandelt und in dieser Dankbarkeit wird klar:

»Unter den tausend Möglichkeiten hätte ich keine andere Wahl treffen können! Alles muss und musste genau so geschehen! Ich bin unschuldig!«

[8]Anmerkung: Dem interessierten Leser empfehle ich zum Weiterlesen mein Buch »Das Unschulds-Prinzip«

Du bist unschuldig, denn du hast nie eine andere Wahl als die, so zu sein, wie du gerade bist. Die Wahrheit dieser Worte zu fühlen und wirklich tief zu begreifen, ist das Geschenk der Reue. Es ist das Geschenk, lieben zu können – *dich* lieben zu können; ganz ungeachtet dessen, was immer auch durch dich geschehen sein mag.

5. Die geheilte Beziehung

Bekämpfe den Hass durch Nichthassen, durch Güte den Bösen, gewinne durch deine Opfer den Geizigen und durch deine Wahrheitsliebe den Lügner.

Buddha

Mach Schluss mit Miesepetern!

Jeder Mensch ist unser Seelenspiegel, ein jeder zeigt uns, was es in uns, unserem Denken und Verhalten, zu heilen gibt. Nun gibt es Menschen, in deren Gesellschaft man regelrecht zu ersticken scheint; Menschen, die einem das Gefühl vermitteln, als würden sie einem buchstäblich die Lebensenergie aussaugen. Und es scheint nicht nur so, es ist so: Jede zwischenmenschliche Beziehung ist ein großes Ineinanderfließen von Energie, eine Vermischung verschiedenster Energiefelder. Manche Menschen haben ein sehr schweres, negatives Energiefeld, vollgefüllt mit Vorurteilen, Nörgeleien, guten Ratschlägen, Schubladendenken, Egozentrik oder sogar offenkundiger Lieblosigkeit. Bestimmt kennst du in deinem privaten oder beruflichen Umfeld auch solche Menschen; Menschen, die dich mit ihrem Verhalten immer wieder von Neuem auf die Palme bringen, dich hinunterziehen und jede Lebensfreude buchstäblich im Keim ersticken. Die Frage, die sich nun stellt, ist: Was könnten uns solche Menschen als unser Spiegel zeigen wollen? Auf was könnten sie uns aufmerksam machen wollen?

Eine pauschale Antwort auf diese Frage gibt es leider nicht.

Doch es muss nicht zwangsläufig so sein, dass wir, nur weil wir es in unserem Umfeld mit lieblosen oder aggressiven Menschen zu tun haben, selbst lieblos und aggressiv sind. Es wäre eine schwere Bürde, die wir uns auferlegten, wenn wir uns einredeten, für alles Üble und Schlechte auf der Welt allein durch unser eigenes Denken verantwortlich zu sein. Wir sind es nicht! Wir sind nicht »schuld« daran! Die Menschheit, die Erde, ja sogar jeder Ort hat sein eigenes (kollektives) Energie- und Gedankenfeld[9], das simultan auch in das individuelle, persönliche Energiefeld hineinreicht und sich mit diesem vermischt.

Natürlich ist es möglich, dass es auch in uns ungeheilte Aspekte von Lieblosigkeit, Egozentrik oder (Auto-) Aggression gibt und uns diese Menschen mit ihrem miesen Verhalten darauf aufmerksam machen wollen, durch innere Achtsamkeit genau das zu heilen. Aber es muss nicht immer so sein. Das Verhalten solcher Menschen kann im Rahmen ihrer Aufgabe als Spiegel auch einen ganz anderen Sinn und Zweck verfolgen: nämlich Freiheit zu lernen!

Freiheit ist ein wesentlicher Punkt auf dem Weg zur erwachten Seele, weil die Seele ihrer Natur nach frei *ist*. Und so sind auch wir in unserem tiefsten Wesen frei und von allen äußeren Umständen unabhängig.

So viel zur Theorie. Wie aber sollte man jetzt konkret mit solchen herausfordernden Menschen umgehen, ohne dabei selbst in die Egozentrik zu verfallen? Wie kann man lernen, was sie uns lehren wollen? Die gängige Antwort vieler Lebenshilferatgeber zu diesem Thema ist: Liebe sie! Vergib ihnen! Sei ihnen dankbar!

[9] Der britische Biologe und langjährige Cambridge-Dozent Rupert Sheldrake nennt diese kollektiven Energie- und Gedankenfelder »Morphische Felder«, vgl. R. Sheldrake »Das Gedächtnis der Natur,« Scherz 1990

Nun, okay, das ist ja alles schön und gut und auch richtig, aber wie oft begegnen uns im Leben Menschen, bei denen uns das einfach nicht gelingen will. Wie oft haben wir es mit Menschen zu tun, bei denen schon ihre bloße Anwesenheit genügt, um jede unserer Bemühungen des vergeben- oder gar lieben-Wollens mit einem Schlag zu vereiteln!

Ja, genau solche Menschen sind unsere Herausforderung und wir alle kennen sie. Vielleicht sind wir ja sogar selbst einer von ihnen! Aber was tun? Nun, meine Empfehlung wäre schlicht: Versuch erst gar nicht, deine »Herausforderer« zwanghaft »lieben« zu wollen, ihnen zu »vergeben« oder ihnen »dankbar« zu sein – es wird nicht funktionieren. Lieben, Vergeben und Danken sind keine mentalen Reaktionsmuster, die man sich mal eben so »antrainieren« könnte. Um *echt* zu sein, müssen sie von selbst kommen, ohne Anstrengung, doch das können sie erst dann, wenn man innerlich absolut frei und unbehelligt vom Verhalten solcher Menschen ist. Erst dann haben diese »schwierigen« Zeitgenossen ihren Sinn und Zweck als Seelenspiegel und Helfer erfüllt, denn sie haben uns die Freiheit gelehrt, die wir *sind*. Und das einfach nur, indem sie uns mit ihrem Verhalten immer wieder aufforderten, uns von ihnen zu befreien.

Vergebung ist nicht etwas, das wir tun; Vergebung ist etwas, das durch uns geschieht.

Versuche also nicht, dich zum Vergeben zu zwingen, denn das wäre nichts als eine Vergewaltigung deiner selbst. Übe viel lieber auch hier die Übergabe, die wir in einem früheren Kapitel kennengelernt haben! Übergib diese Menschen einfach an das Göttliche, an die Liebe! Übergib deine Probleme mit ihnen, übergib deine Wut über sie und sogar deine eventuelle Angst vor ihnen, und dann sei gut zu dir, indem du sie meidest, so gut es geht. Ja, geh ihnen ruhig aus dem Weg! Die Welt braucht nicht noch mehr von diesen »mutigen« und »starken« Helden, welche jede Situation und jeden »negativen« Menschen mit ihrer grenzenlosen Liebe und aufopferungsvollen Güte »transformieren« und »heilen«. Im Gegenteil, was die Welt braucht, sind bodenständige, vernünftige, *gereifte* Helden. Helden, die ihre verbohrten Eitelkeiten und ihren heimlichen Stolz auch einmal beiseiteschieben und aus Liebe zu sich selbst bereit sind, den Rückzug anzutreten. Denn die *wahren* Helden wissen: Transformation vollzieht sich nicht durch äußere Handlungen, sie vollzieht sich durch inneren Gleichmut. Sie vollzieht sich im Verborgenen, nicht im Offensichtlichen.

Übung: Die Poststation

Dein Energiefeld wird gestärkt und vor negativen Einflüssen geschützt, wenn du dich im Alltag bewusst aus belastenden oder schmerzhaften Situationen so weit wie möglich zurückziehst. Missverstehe dieses Vorgehen nicht als eine Flucht, sondern sieh darin vielmehr einen Akt mitfühlender Selbstliebe. Vollende diesen Akt, indem du dir in der Zeit deiner Entspannung den Menschen, mit dem du Probleme hast oder mit dem du einfach nicht warm wirst, als geistiges Bild vorstellst und zu diesem Bild einfach nur sagst:

»Nein danke, ich spiele deine Spiele nicht mehr mit!«

Deshalb übergebe ich dich an das Göttliche, das in uns beiden wohnt.

Ich übergebe meine Beziehung zu dir an die Liebe!«

Sprich diese Worte und dann stell dir vor, wie du, an einem Postschalter stehend, alle deine kleinen und großen Schwierigkeiten und »Sperenzien«, die du mit der betreffenden Person hast, in ein großes, gelbes Postpaket legst. Pack in dieses Paket alles hinein, was dir einfällt, und schreibe anschließend in das Empfängerfeld einfach nur »An die Liebe« (oder wenn du magst »An das Leben« oder »An Gott«). Als Nächstes brauchst du in deiner Fantasie nur noch ein paar hübsche Briefmarken darauf zu kleben und dein Päckchen der netten, imaginären Dame (oder dem charmanten, imaginären Herrn) am Empfang zu übergeben. Jetzt ist dein Teil geleistet und du brauchst dich um nichts mehr zu kümmern. Vergiss das Päckchen und vertrau der lieben Post, dass sie es an die richtige Adresse zustellen wird.

Mit der Kernaussage dieser Übung »Ich übergebe meine Beziehung zu dir an die Liebe« hast du es geschafft, du bist frei. Du hast deinen Ärger und deine Probleme mit dem betreffenden Menschen abgegeben und bist folglich nicht mehr dafür zuständig. Damit hast du dich aus dem Ego-Spiel herausgezogen und dich nicht länger als Mitspieler und Opfer zur Verfügung gestellt. So ist es von nun an auch nicht mehr nötig, sich aufzuregen. Du brauchst dich nicht mehr zu verteidigen, brauchst dich nicht mehr angegriffen zu fühlen, brauchst nicht mehr zurückzuschlagen und niemanden mehr zu hassen. Einfach, weil dich nichts und niemand mehr persönlich treffen kann. Gratuliere dir an dieser Stelle, denn jetzt ist die Herausforderung gemeistert! Durch deine Übergabe hast du nämlich am Ego dieses Menschen *vorbei-* und zum ewig Liebenden dahinter *hin*geschaut. In dieser hehren Sicht siehst du nicht mehr dessen Ich, sondern nur noch sein Selbst. *Jetzt* kannst du deinen früheren »Herausforderer« wirklich lieben, denn jetzt hat er seinen Sinn und Zweck für dich erfüllt.

Ebenso wenig jedoch wie Vergeben Gutheißen bedeutet, bedeutet Lieben an dieser Stelle »plüschig-flauschiges« Kuscheln und andauerndes Händchenhalten. Lieben ist ein innerer Vorgang und verlangt nicht, sich von nun an im »realen« Leben mit allen Mitteln um eine harmonische und freundliche Atmosphäre zu bemühen und um des lieben Friedens willen jeden Ärger und jede Provokation sang- und klanglos hinzunehmen oder hinunterzuschlucken. Nein, sag ruhig deine Meinung und steh zu dir, aber leg es auch nicht darauf an, denn vermutlich endet es ja doch wieder nur in fruchtlosen Reibereien. Übergib deine Beziehung zu der betreffenden Person lieber an die Liebe und geh der Person dann, möglichst, aus dem Weg. (Vielleicht stellst du daraufhin ja auch überrascht fest, dass *sie* dir aus dem Weg geht?)

Geben wir uns keinen Illusionen hin: Im alltäglichen Leben ist es leider nicht immer möglich, mit allen Menschen gut Freund zu sein, und immer wird es gewisse Reibungspunkte untereinander geben. Zu verschieden sind die Meinungen und zu groß die ihnen beigemessene Wichtigkeit. Doch wer weiß? Vielleicht wird es eines Tages möglich sein, dass alle Menschen Freunde werden?

Eines Tages, wenn jeder Einzelne dem Frieden und dem Glück den Vorrang vor dem Rechthaben gibt? Eines Tages, wenn jeder Einzelne seine innere Arbeit in Angriff nimmt, sich selbst und sein Verhalten zu hinterfragen beginnt und ihm dadurch langsam dämmert, dass er mehr ist als das, was er zu sein glaubt.

Das Ego, das Harte, ist außen – das Selbst, das Weiche, ist innen.

Laotse lehrte: »Das Allerweichste auf Erden überholt das Allerhärteste auf Erden«. Und so ist es. Am Schluss obsiegt immer das Weiche über das Harte, das Wasser über den Stein. Das Harte ist das Ego, ist das Außen. Das Weiche ist das Selbst, ist das Innen. Oder anders ausgedrückt: Die Person ist das Außen, die Seele ist das Innen.

Die äußere Person ist das, was wir in der Regel bei einem Menschen zuerst wahrnehmen. Menschen sind wie Zwiebeln: Die äußerste Schicht, die dicke braune Schale, ist der biologische Körper und dicht darunter liegen, auch noch ziemlich dick, aber sich fortlaufend verjüngend, die unzähligen Schichten des persönlichen Ichs: die Schichten der Meinungen und Überzeugungen, des Intellekts und der Gedanken, der Gefühle und Erinnerungen, der Ziele und Vorstellungen usw. Ganz zuletzt kommt die innerste, die unpersönliche Schicht und wie bei der Zwiebel ist sie die zarteste und hellste von allen. Diese innerste Schicht, dieser innerste Kern, *das* ist unser wahres Wesen: unser unsterbliches, liebendes Selbst. Auf diese innerste Schicht müssen wir unser Augenmerk legen, sowohl was uns selbst als auch unsere Mitmenschen anbelangt. An der Peripherie nämlich, an den äußeren Schichten, können wir in der Regel nicht viel tun, um uns besser zu fühlen oder Frieden zu schließen. Zu dick ist oftmals die äußere Schale. Deshalb ist es im Außen meist am klügsten, sich von jedem Menschen zurückzuziehen, der einen hinunterzieht oder kleinmacht, um ihn im selben Moment innerlich ins Herz mit aufzunehmen.

Die goldene Regel lautet: Der Rückzug von Menschen, die dir offensichtlich nicht guttun, ist keine Feigheit, keine Schwäche und kein Versagen, sondern aufrichtige Eigenliebe.

Bedingungslose Akzeptanz

Ein Buch kann keine allgemeingültigen Ratschläge geben, auch dieses hier nicht. Bücher können als Anhaltspunkte und Wegbegleiter dienen, niemals aber einem Menschen die eigene Erfahrung, die eigene Entscheidung abnehmen. So werde ich mich davor hüten, dir beispielsweise zu raten, diesen oder jenen Menschen zu verlassen. Nein, die Antwort bist du selbst. Es genügt, einfach in dich einzutauchen und auf die Stimme deines Herzens zu lauschen. So wirst du von selbst wissen, von welchem Menschen du besser Abstand nehmen solltest.

Ganz gleich jedoch, wie du dich entscheidest, eines steht fest: Negativ belastete Beziehungen zu beenden, kann ganz neue Energie und Lebenskräfte aufbauen. Falls du im Umgang mit jemandem nicht du selbst sein kannst, falls sich der andere strikt weigert, sich in deine Lage zu versetzen, oder falls er versucht, dich gemäß seinem Willen anzupassen oder zu manipulieren, dann kann es in vielen Fällen besser sein, die Beziehung abzubrechen, als noch länger zu versuchen, etwas retten zu wollen, was offenkundig nicht gerettet werden kann; als noch länger an etwas festzuhalten, was offenkundig bereits zu Ende ist. Oft reicht schon *eine* konsequente Entscheidung, um die eigenen eingeschlafenen Lebensgeister von Neuem aufzuwecken, das Energiefeld zu stabilisieren und das Leben mit neuer Kraft zum Fließen zu bringen.

Manchmal ist es sehr schmerzhaft, (negative) Beziehungen abzubrechen, man erinnere sich nur an die Anlehnungsbedürfnisse des vorangegangenen Kapitels. Nicht selten kommen Existenzängste oder auch die Angst vor dem Alleinsein mit ins Spiel. Meine eigene Erfahrung jedoch hat mir gezeigt: Letztendlich zahlt es sich aus – sowohl für einen selbst als auch für den anderen. Indem ich eine negativ belastete Beziehung bewusst abbreche, befreie ich mich aus der Spirale der Destruktivität und weise gleichzeitig den anderen auf die Schwachstellen in seinem eigenen Verhalten hin. Schwachstellen, auf die er vielleicht erst durch mich aufmerksam wird und über die er vielleicht erst durch *mich* hinauswachsen kann: seine Kritiksucht, sein Klammern, seine Aggressivität, seine Eifersucht usw.

Falls du jedoch trotzdem das starke innere Bedürfnis wahrnimmst, einem Menschen, dessen Nähe dir augenscheinlich nicht guttut, nahe zu sein – ja, manchmal sieht der universelle Lebensplan sogar das vor! –, dann entscheide dich dafür, diesen Menschen in dein Herz aufzunehmen. Dann ist der Weg, den das Leben für dich bestimmt hat, der Weg der bedingungslosen Akzeptanz.

Übung: Bedingungslose Akzeptanz

Stell dir das Gesicht deines Partners/deiner Partnerin in deinem Herzen vor und sage zu diesem Bild in Gedanken:

»Ich bin bereit, dich bedingungslos zu akzeptieren.«

Jetzt stimme dich intensiv auf den betreffenden Menschen ein, spüre seine Energie, seine Ausstrahlung, seine Aura. Stell ihn dir so bildlich vor, als würde er dir gegenüberstehen. Nimm seine menschlichen Unvollkommenheiten ohne jeden Widerstand und ohne jedes Urteil hin und erlaube deinem Geist nicht, bei ihnen zu verharren. Benenne stattdessen nur kurz die Eigenschaften, die er deiner Meinung nach hat, z. B.

»Ich empfinde dich als rücksichtslos.«
»Ich empfinde dich als egoistisch.«
»Ich empfinde dich als untreu.«
»Ich empfinde dich als unaufrichtig.«
»Ich empfinde dich als herrisch.«
»Ich empfinde dich als aufbrausend.«

Was auch immer du empfindest: Gib jetzt alles ab! Gib alles an die höchste Instanz in dir und ihm, indem du sagst:

»Ich übergebe sowohl diesen Menschen als auch meine Beziehung zu ihm an die Liebe, an Gott.
Gott/Vater/Mutter/Schöpfer, kümmere Du dich darum!«

Und dann warte. Werde leer. Warte auf die Antwort Gottes und darauf, was Er über diesen Mensch denkt:

»Er ist Ich. Ihm ist vergeben. Er ist geliebt.«

Seine Antwort ist die Deine.

Werde dir bewusst: Es ist die spirituelle, die geistige Dimension, die alles – im Innen wie im Außen – zu verändern mag. Nicht du bist es, der die Wunder vollbringt, sondern einzig der Gott in dir. Deine Aufgabe besteht nur darin, ihnen durch deine Übergabe den Weg zu bereiten.

Unsere Mitmenschen sind es, über die wir den Kontakt zur Wahrheit, zur Liebe, zu Gott bekommen, denn unsere Mitmenschen sind es, die uns unseren unbewussten Geistesinhalt im Außen zeigen und uns durch bedingungslose Akzeptanz die Möglichkeit geben, darüber hinauszuwachsen. Wie sonst könnte dieses Unbewusste geheilt werden, wenn nicht auf diese Weise? Wie sonst könnten wir das Wesen der Liebe erkennen lernen, wenn nicht durch unseren Nächsten und seinem Verhalten? Wird dies alles wirklich tief begriffen, ernsthaft verstanden und intensiv gefühlt, dann folgt die ehrliche Dankbarkeit ganz von selbst:

»Ich nehme dich so an, wie du bist, und danke dir, dass du da bist. Ich danke dir, dass du mir den Weg zur bedingungslosen Liebe zeigst.«

Zum Abschluss sei noch angemerkt, dass sich dein Gegenüber durch dein inneres Annehmen drastisch verändern kann oder verstärkt Heilungsprozesse in ihm in Gang gesetzt werden. Vielleicht wird er weniger Alkohol trinken, auf bessere Ernährung achten oder sein Leben ganz und gar umzukrempeln beginnen. Vielleicht wird er sich auch höhere Lebensziele setzen und sich von Dingen trennen, von denen er früher dachte, dass sie ihm wichtig seien. Ganz sicher aber wird er beginnen, alte Hindernisse in seinem Denken zu beseitigen und über eine »Kurskorrektur« in seinem Leben nachzudenken.

So zart und unscheinbar die Zeichen der Veränderung auch sein mögen: Ignoriere sie nicht. Im Gegenteil, verstärke diese Veränderungen, diesen neuen und besseren Weg, indem du deinem Gegenüber immer wieder den Platz in deinem Herzen einräumst und ihm gedanklich mitteilst, wie dankbar du ihm bist und wie sehr du dich freust, dass es ihn überhaupt gibt. Früher oder später wird er womöglich deinem Beispiel folgen und es mit seinen Mitmenschen genauso machen und diese Mitmenschen werden es wiederum mit *deren* Mitmenschen so machen. Ein Schneeballsystem!

Manchmal reichen ein paar kleine Steinchen schon, um im Gebirge eine Lawine auszulösen. Werde auch du zu so einem Steinchen! Löse eine Lawine aus! Gib auch du deinen Mitmenschen einen kleinen Teil deines Herzens und zeig ihnen, wie schön es ist, sich geliebt und angenommen zu fühlen, und sei dir gewiss: Sie werden dein Geschenk annehmen und auch sie werden es weiterverschenken. Die Liebe kann nicht anders, als sich auszudehnen.

Das ist der Moment der Neugeburt der Erde.

6. Der Seelenplan

Der menschlichen Seele Ziel und äußerste Vollendung ist:
erkennend und liebend die ganze Ordnung der geschaffenen Dinge
zu durchschreiten und vorzudringen zum ersten Urgrund, welcher
Gott ist.

Thomas von Aquin

Zufall, Schicksal oder ganz was anderes?

Viele Menschen wissen nichts über sich. Sie wissen nichts, weil sie sich noch nie die Mühe gemacht haben, bewusst in die eigene Tiefe zu blicken, und es vorziehen, mittelmäßig zu bleiben: lauwarm, blass, oberflächlich. Und oberflächlich betrachtet scheint alles im Leben Schicksal zu sein, außerhalb unserer Reichweite und dem ewigen Zufall unterworfen. Doch stimmt das? Sind wir wirklich so machtlos? Bestimmt nicht, denn unser Geist ist schöpferisch! Aber was heißt »schöpferisch«? Heißt es, ich kann mir mein Leben »schöndenken« und alles so formen und kreieren, wie ich es haben möchte? Gehen wir dieser Frage einmal etwas genauer auf den Grund.

Was ist Schicksal? Zumeist wird darunter eine Art höherer Macht begriffen, die ohne direktes menschliches Zutun das Leben einer Person beeinflusst. Doch wer oder was ist diese höhere Macht? Gott vielleicht? Ja klar, es könnte alles von Gott gesteuert sein! Doch was ist mit dem freien menschlichen Willen? Dieser wäre dann wohl hinfällig. Außerdem, warum verhindert ein liebender Gott dann nicht Dinge wie Krieg, Gewalt, Terror oder Ungerechtigkeit? Wer oder was ist Gott überhaupt?

Nun, was Gott ist, kann wohl nicht mit Worten beschrieben werden, doch was Gott *nicht* ist, steht eindeutig fest: Gott ist kein alter Mann mit weißem Bart, der hoch oben im Himmel auf einer Wolke sitzt und von dort die Fäden an seinen Marionetten zieht. Vielmehr ist Gott das, was uns belebt: die eine unpersönliche, nicht urteilende Energie, die alles Sein ausmacht, vom kleinsten Staubkorn bis zur entferntesten Galaxie. In Ihm lebt alles »Gute« genau wie alles »Schlechte«, der Verbrecher wird genauso von Seiner Energie durchströmt wie der Heilige. Gott ist also das ewig liebende und niemals urteilende Prinzip, das den Hintergrund aller existierenden Dinge bildet. Dieses Prinzip erschafft sich stets in allen Aspekten Seiner Schöpfung selbst und das bedeutet, da auch wir Teil dieser Schöpfung sind, sind auch wir unserem Wesenskern nach göttlich, liebend, schöpferisch.

Okay, das alles klingt einleuchtend, beantwortet aber noch nicht unsere Frage. Wenn Gott *alles* ist und niemals über »gut« oder »böse« urteilt, kann Er dann Hüter über unser Schicksal sein? Nicht wirklich. Aber wer verfügt dann über das Schicksal? Bleiben nur noch zwei Möglichkeiten: entweder wir selbst oder der Zufall.

Viele Weise, von Aristoteles bis Kant, sagen: Für alles im Leben gibt es eine Ursache, weil alles in einer kausalen Beziehung zueinander steht. Und wenn alles in Beziehung steht und somit alles eine Ursache hat, kann es kein Schicksal im Sinne von Zufall geben. (Wäre es überdies nicht auch eine ziemlich armselige Sicht, die gesamte Existenz auf eine bloße, willkürliche Aneinanderreihung von Zufällen zu reduzieren?) Jedes Geschehen hat also seine Ursache, und zweifellos ist unser Geist eine davon. In der Tat haben wir mit ihm auf vieles einen gewaltigen Einfluss: auf das eigene psychische und physische Befinden (z. B.

durch Übung in Suggestion, autogenem Training, Affirmations- oder Visualisierungsarbeit), auf körperliche Heilungs- und Genesungsprozesse (denken wir beispielsweise an den Placebo-Effekt oder die vielen, wissenschaftlich bislang unerklärlichen Fälle von Spontanheilung) und sogar auf andere Personen (z. B. durch Hypnose). In der spirituellen Szene geht man sogar davon aus, dass der Geist gezielt zur Wunscherfüllung und Manifestation genutzt werden kann! Doch bedeutet das im Hinblick auf unsere Frage nun, dass wir unser Schicksal tatsächlich voll und ganz selbst in Händen halten? Dass wir selbst es sind, die über alles und jedes im Leben die absolute Kontrolle besitzen? Die Wahrheit ist: Ja und Nein, denn die wahren »Strippenzieher« unseres Schicksals sind nicht wir im Sinne von Personen, sondern wir im Sinne unserer *Seele*.

Jede Seele hat ihren eigenen »Seelenplan«. Das bedeutet, das, was sich eine Seele bereits vor ihrer Geburt in einem Körper zu lernen und zu erfahren ausgesucht hat, wird auch geschehen. Auf dies haben wir mit unserem bewussten Denken keinen Einfluss, denn unsere unsterbliche Seele, unser Selbst, das, was wir in Wahrheit sind - ohne all die üblichen Überlagerungen von Name, Beruf, Herkunft, Konfession, Geschlecht usw. -, wohnt im tiefsten, tiefsten Punkt unseres Herzens. Das Denken dagegen wohnt eine Menge Etagen höher, nämlich in unserem Kopf, und von dort kann es auch nicht heraus. Um im Bild zu bleiben: Das Denken kann nicht einfach die Treppen ins Herz hinuntermarschieren und der Seele Regieanweisungen geben. Zum Glück nicht!

Jede Seele besitzt also ihren Seelenplan, ihren ganz eigenen und höchst individuellen, der nur auf diese eine Seele, auf diesen einen Menschen zutrifft. Im ganzen Universum gibt es keinen zweiten, der ihm gleich wäre! Das bedeutet, die Seele kennt ihren Weg und wird ihn auch gehen – mit unserem Zutun oder ohne es. Doch wohin geht denn nun der Weg der Seele, wohin geht der Weg *meiner* Seele?

Diese Frage kann nicht pauschal beantwortet werden. Jeder Versuch dazu wäre nichts weiter als Mutmaßung, da es niemanden im ganzen Universum gibt, der seinen eigenen Seelenplan im Vorfeld ergründen könnte. Dennoch steht eines fest: Jede Seele ist auf diese Erde, in diese Erfahrung von Zeit und Raum gekommen, um etwas zu lernen. Oder besser gesagt, etwas *wieder*zuerlernen: nämlich ihre eigene Größe, ihre eigene Macht und ihre eigene Göttlichkeit. Viele Leben hindurch reift sie, mehr und mehr, bis sie sich irgendwann als das Leben selbst wiedererkennt und das Rad des Werdens und Vergehens (in den östlichen Traditionen wird dieses Rad *Samsara* genannt) durchbricht.

In der Baghavadgita, einer der zentralen und wegweisendsten spirituellen Schriften des Ostens, heißt es dazu:

Das Lebewesen in der materiellen Welt trägt seine verschiedenen Lebensauffassungen von einem Körper zum anderen, wie der Wind Düfte mit sich trägt.[10]

Jedes Leben ist ein Reifen. Die Seele reift heran, lernt sich Stück für Stück kennen und erfährt sich am Ende als ewig eins mit ihrem Schöpfer. Der Zeitpunkt dieses Erkennens, dieses *Verschmelzens*, kann in diesem Leben sein, in diesem Körper, genauso gut aber auch in einem ganz anderen.

Wer weiß, was sich *deine* Seele für *dieses* Leben zu lernen, zu erfahren, ausgesucht hat! Vielleicht will sie erfahren, wie

[10]Baghavadgita 15,8

machtvoll sie ist? Oder wie liebend? Oder wie geliebt? Oder wie frei? Man kann es nicht im Vorhinein ergründen. Fest steht nur, deine Seele wird ihrem Plan folgen. Sie wird ihm folgen, indem sie sich geeignete Situationen erschafft, um das erfahren zu können, was sie erfahren möchte. Hat sie sich beispielsweise ausgesucht, die Freiheit zu erfahren, die sie selbst ist, dann wird sie sich Situationen schaffen, die ihr das Erreichen dieses Ziels ermöglichen. Vielleicht kreiert sie in diesem Fall einengende Beziehungen, einengende Jobs oder zieht, wie an früherer Stelle beschrieben, einengende und herausfordernde Menschen an, damit sie gerade *durch* alle diese lernt, sich endlich von Einengung und Begrenzung zu befreien. Oder vielleicht hat die Seele sich ausgesucht, die wahre Liebe kennenzulernen, die sie selbst ist? Dann wird sie sich Menschen und Situationen bedienen, die ihr bei diesem Ziel helfen können, beispielsweise durch lieblose Kollegen oder ständig wiederkehrendes »Pech in der Liebe«.

Die Situationen, derer sich die Seele während ihrer körperlichen Pilgerschaft als »Lernhilfen« bedienen kann, sind so vielfältig wie das Leben. Alles kann ein Mittel zum Wachsen und Heranreifen sein – sogar Krankheiten, Schicksalsschläge und Unglücksfälle. Ja, sind oft nicht gerade sie es, die uns überhaupt an einen Kurswechsel im Leben denken lassen? Beginnt nicht gerade der spirituelle Weg oft erst durch die Konfrontation mit einer schweren Krise oder Krankheit?

Für mich selbst kann ich (rückwirkend betrachtet) sagen, waren einige der größten Lernhilfen und einige der wesentlichen Wendepunkte Krankheiten und Schicksalsschläge: angefangen vom Krebs mit Mitte dreißig, einer niederschmetternden, als unheilbar eingeschätzten Diagnosestellung bei einem meiner Kinder, als ich Anfang vierzig war, bis hin zum lebensbedrohlichen

Gehirnaneurysma mit Mitte fünfzig. Ohne Zweifel, alle diese Situationen waren hart für mich, inneren Zerreißproben gleich, doch im Nachhinein erkenne ich, dass sie mir in Wahrheit alle zu etwas Gutem dienten, weil ich durch sie alle etwas lernen durfte: angefangen von der bedingungslosen Akzeptanz der Situation, der bedingungslosen Liebe zu mir selbst und meinem Körper (welche sich im Außen durch eine achtsamere und gesündere Lebensweise ausdrückte), bis hin zum Erkennen und Lieben meiner eigenen inneren Heilungsquelle und damit dem Erkennen und Lieben meiner wahren, meiner ewigen, meiner *unsterblichen* Natur. Je mehr dieser Prozess des Erkennens fortschritt, umso mehr wurde ich von jedem Schmerz, jeder Angst und jeder Verzweiflung befreit, einfach weil ich erkannt hatte, dass mir (und auch den Menschen um mich herum) nie – wirklich *nie!* – etwas passieren kann; egal, was auch immer an Schlimmem kommen mag. Denn mehr und mehr spürte ich es tief in mir: Das, was ich bin, überdauert. Es überdauert den Körper, überdauert die Welt und überdauert den Tod.

Und nun frage ich dich: Wo bleibt in diesem tiefen inneren Verstehen noch Platz für Leid? Wo bleibt Platz für Angst, wenn die Ursache jeder Angst, die Angst vor dem Tod, verschwunden ist?

Es sind die eigenen Erfahrungen, die beweisen, dass alle Situationen, Menschen und Begebenheiten in unserem Leben, insbesondere die auf den ersten Blick »hinderlichen« und »negativen«, einem bestimmten Zweck dienen. Sie sind weder Sticheleien und Seitenhiebe eines launischen und hinterlistigen »Schicksals« noch Abgesandte Gottes als »Strafe« für unsere bösen Taten. In Wahrheit sind sie bloß unschuldige Diener des Lebens, die uns – unserer Seele – als Hilfsmittel zum Lernen und Verstehen zur Verfügung gestellt wurden. Und fürwahr, wir brauchen diese Hilfsmittel! Denn wer würde je etwas lernen, wenn er nicht gelegentlich auf die Nase fallen würde! Wer würde sich je bequemen, sich von seiner durchgelegenen und verlotterten Couch der Gewohnheiten zu erheben, wenn sie nicht auch mal geradewegs unter dem Hintern Feuer fangen würde? Wer würde je lernen, ohne die passenden Mittel!

Vieles in unserem Leben ist zweifellos »vorherbestimmt«, aber nicht von Gott, vom Zufall oder vom Schicksal. Unsere Seele selbst, also im eigentlichen Sinne *wir* selbst, haben den grundlegenden Verlauf unseres Lebens im Vorhinein festgelegt. Ganz machtlos aber ist, wie schon einmal angedeutet, auch unser »aktives« Bewusstsein, unser »aktives« Denken, nicht, im Gegenteil: Gedanken sind schöpferisch! Auch sie sind Teil des universellen »Schöpfungsprinzips«, welches lautet:

Aus Gedanken werden Überzeugungen, aus Überzeugungen Worte und aus Worten Taten.

Das bedeutet im Klartext: Das, was ich oft denke, über mich selbst, die Welt, über andere, das festigt sich in mir zu einer Überzeugung, zu einer Einstellung, zu einem Glauben. Und jeder weiß, dass Glaube Berge versetzen kann, denn alles, was ich denke, fühle, spreche und tue, tue ich meinem Glauben gemäß. Das heißt: Ich gestalte mir meine subjektive Welt stets anhand meiner eigenen Überzeugungen; ich gestalte mir die Welt immer so, dass sie dem entspricht, was in mir ist. Und kollektiv bzw. global betrachtet verhält es sich natürlich genauso: Das Antlitz der Welt spiegelt nichts anderes als die Überzeugungen ihrer Bewohner wider.

Dieses Schöpfungsprinzip bezeugt, dass wir selbst durchaus

die Macht dazu haben, vieles in unserem Leben durch unsere Überzeugungen, Gedanken, Gefühle, Worte und Taten maßgeblich mit zu beeinflussen und vieles sogar selbst zu erschaffen. Es bezeugt, dass wir durchaus Schöpfer sind. Aber Moment mal! Ist das alles nicht ein Widerspruch? Was gilt denn nun: Ist jetzt alles »vorherbestimmt«, im Sinne des Seelenplans oder sind wir mit unseren Gedanken doch selbst Gebieter über unser Schicksal? Zugegeben, auf den ersten Blick mag das Ganze wie ein Widerspruch erscheinen, doch bereits der zweite Blick lässt uns klarer sehen. In Wahrheit ist nämlich auch das, was wir denken und glauben (und damit erschaffen), Teil unseres Seelenplans. Das heißt, hat unsere Seele jetzt, in diesem Leben, entschieden, ihre Schöpfermacht voll und ganz wiederzuerkennen, ist sie reif genug zur Entfaltung ihres gesamten innewohnenden Potenzials, dann scheint es so, als wären *wir* es, die das Schicksal prägen. In Wirklichkeit aber ist es genau umgekehrt: Es ist unser Schicksal, das *uns* prägt.

Wenn die Seele spricht

Leider können wir uns unser Leben nicht immer so ausstaffieren, wie wir es gerne haben möchten. Das heißt, wir können uns nicht immer bewusst die Situationen, Menschen oder Dinge in unser Leben ziehen, die wir haben wollen, noch die Situationen, Menschen oder Dinge vermeiden, die wir nicht haben wollen. Das Einzige, das wir *immer* tun können, ist, den Weg, den unsere Seele zu gehen gewählt hat, als den unseren zu akzeptieren und damit die Situationen in unserem Leben so, wie sie sind, anzunehmen.

Das ist der alles entscheidende Wendepunkt. Von da an gibt es plötzlich kein Kämpfen mehr, kein Hadern, kein Wünschen, kein Erwarten, kein Hoffen, kein enttäuscht-Sein. Dann gibt es nur noch ein stilles, ein friedliches, ein feierliches Ja:

»Ja, ich akzeptiere meinen Weg und bin bereit, ihn entschlossen und mutig bis zum Ende zu gehen. Ich bin bereit, meinen eigenen Größenwahn, aber auch meine eigene Kleinheit zu begraben und mich sanft dem Leben anzuvertrauen, mich ihm ohne Angst hinzugeben.

Ja, ich bin bereit, den Weg meiner Seele zu gehen.
Ja, ich bin bereit, Demut zu lernen.
Ja, ich bin bereit, Größe zu lernen.
Ja, ich bin bereit, Vertrauen zu lernen.
Ja, ich bin bereit, Liebe zu lernen.
Ja, ich bin bereit, mich selbst kennenzulernen.«

Sei dir bewusst, Krieger: Der Moment deines Einverständnisses, deinen Seelenplan zu akzeptieren und ihm zu folgen, ist ein heiliger, ein andächtiger Moment. Dieser eine Moment deines stillen *Ja* lässt das ganze Universum für einen Augenblick lang stillstehen. Die ganze Existenz schaut in diesem Moment nur auf dich und alles hält gespannt den Atem an: Ist dir klar, dass du gerade den Verlauf des ganzen Universums geändert hast? Ist dir klar, dass du gerade den Verlauf deines Seelenplans und damit deines ganzen weiteren Lebens geändert hast?

Dein Ja zum Leben, dein Ja zur Seele, ist der erste Schritt zur Erfüllung deiner Bestimmung. Der zweite Schritt besteht jetzt für dich nur noch darin, dich vom Leben treiben, dir alles von ihm zeigen zu lassen und bereitwillig von ihm zu lernen. Das tust du, indem du *achtsam* wirst. Achtsamkeit ist das Mittel des Berufenen, um über das »Schicksal« hinauszuwachsen. Du wächst darüber hinaus, einfach indem du wahrnimmst und lernst, was deine Seele lernen möchte. Auf diese Weise erfüllst du deinen Seelenplan vollständig und gehst über alles hinweg, was dich zuvor gebunden hielt: alle oberflächlichen Wünsche, alle Erwartungen, alle Hoffnungen, alle Probleme, alle Ängste, alle Sorgen und alles Leid.

Achtsamkeit ist der Schlüssel. Schau und horche einfach, was das Leben dir sagen möchte. Deine Seele spricht zu dir; jeden Tag, jede Minute und jeden Augenblick bedient sie sich der Außenwelt als Kommunikationsmittel, um dir das zu zeigen, von dem sie möchte, dass du darüber hinausgehst. Sie zeigt dir Schmerz – weil sie möchte, dass du über das Klammern an Schmerz hinauswächst und die Freude wählst. Sie zeigt dir Verlust und Mangel – weil sie möchte, dass du erkennst, dass auch *du* der Fülle des Lebens wert bist und dich dafür würdig erklärst. Sie zeigt dir Aggressivität und Gewalt – weil sie möchte, dass du aufhörst, selbst aggressiv zu sein, und Frieden schließt. Und sie möchte dir zeigen, dass du *immer* bekommst, um was du mit deinem Denken, Glauben, Sprechen und Handeln bittest, egal ob Positives oder Negatives.

Die Seele folgt immer ihrem Weg und dieser kann für jeden ein anderes Ziel haben. Für den einen kann dieses Ziel sein, in diesem Leben zur Freiheit zu erwachen, für den anderen zur Liebe, für einen Dritten zur Schöpfermacht und für wieder einen anderen vielleicht zur Geduld, Ehrlichkeit, Selbstverantwortung oder Konsequenz. Es gibt so viele Etappen auf dem Weg der Meisterschaft, den wir Leben nennen! Und dennoch haben sie alle immer ein gemeinsames Endziel. Dieses Endziel ist die Rückkehr in die Einheit mit Gott, das Wiedererkennen von Schöpfer und

Schöpfung. Das Ziel ist die Einsicht, dass wir niemals von Gott, vom Leben, von der Liebe getrennt und immer eins waren. Um dieses Endziel brauchen wir uns allerdings hier und jetzt nicht zu kümmern. Hier und jetzt müssen wir immer nur von Etappe zu Etappe gehen und Schritt für Schritt das lernen und integrieren, was wir aktuell integrieren sollen. Der Rest geschieht von selbst.

Gut zu diesem Thema passt die Geschichte von Beppo dem Straßenkehrer, der uns diesen Sachverhalt in Michael Endes preisgekröntem Roman *Momo* anschaulich verdeutlicht:

»Manchmal hat man eine sehr lange Straße vor sich. Man denkt, die ist so schrecklich lang; das kann man niemals schaffen, denkt man. Und dann fängt man an, sich zu eilen. Und man eilt sich immer mehr. Jedes Mal, wenn man aufblickt, sieht man, dass es gar nicht weniger wird, was noch vor einem liegt. Und man strengt sich noch mehr an, man kriegt es mit der Angst, und zum Schluss ist man ganz außer Puste und kann nicht mehr. Und die Straße liegt immer noch vor einem! So darf man es nicht machen. Man darf nie an die ganze Straße auf einmal denken, verstehst du? Man muss nur an den nächsten Schritt denken, an den nächsten Atemzug, an den nächsten Besenstrich. Und immer wieder nur an den nächsten. Dann macht es Freude; das ist wichtig, dann macht man seine Sache gut. Und so soll es sein. Auf einmal merkt man, dass man Schritt für Schritt die ganze Straße gemacht hat. Man hat gar nicht gemerkt wie und man ist nicht außer Puste. Das ist wichtig.«[11]

Mach auch du es wie Beppo! Kümmere dich immer nur um deine jetzige Etappe und vergiss jedes weitere Ziel. Wenn für dich jetzt an der Reihe ist, Geduld zu lernen, dann lerne Geduld! Wenn für dich jetzt an der Reihe ist, Konsequenz zu lernen, dann

[11]Michael Ende »Momo«, Thienemann, 1973

lerne, konsequent zu sein! So gehst du Schritt für Schritt weiter, bis du irgendwann und ohne es zu merken, am Ende der Straße angekommen bist. Deine Seele sagt dir immer, wo es für dich jetzt entlanggeht, was du aktuell zu meistern hast. Du musst nur aufmerksam sein und horchen.

Der König im Exil

Unsere Seele spricht zu uns. Unentwegt macht sie uns durch innere und äußere Botschaften darauf aufmerksam, was es in uns eventuell zu berichtigen oder loszulassen gilt: alte, verquere Glaubensmuster, abgelehnte und verdrängte Gefühle, (Vor-)Urteile, Anlehnungsbedürfnisse, Opferrollen, Schubladendenken, unbewusste Schuldzuweisungen, Mangeldenken, Sorgsucht oder vieles Weitere mehr. Nicht selten ist unser Geist geradezu vollgestopft mit solchen alten, rudimentären gedanklichen Strukturen, und genau sie sind es, die unser natürliches Wohlbefinden immer wieder negativ beeinflussen, indem sie uns vom geistigen Frieden und der seelischen Unbekümmertheit fernhalten.

Eines vorweg: Das Leben meint es grundsätzlich gut mit uns, unser Seelenplan will nur unser Bestes. Unsere Seele will glücklich sein, will frei sein, will lieben – und genau aus diesem Grund fordert sie uns immer wieder entschieden dazu auf, allen alten Ballast, der diesen Zielen im Weg steht, jetzt endlich ein für alle Mal abzustreifen, denn unser Schicksal ist nicht, zu leiden! Nein, die Wahrheit ist viel, viel froher:

Es ist unser Schicksal, glücklich zu sein!

Nur allzu oft stehen wir diesem glücklichen Schicksal jedoch selbst im Weg. Ja, nur allzu oft wollen wir Menschen gar nicht glücklich sein – weil wir nicht bereit sind, an uns zu arbeiten. Wir sind nicht bereit, unser Denken, Sprechen und Verhalten zu hinterfragen und die Verantwortung darüber zu übernehmen, weil wir unbewusst riesige Angst davor haben, mit uns selbst konfrontiert zu werden: mit unseren Gefühlen, unseren Verletzungen, unseren Ängsten, unserer Leere. Viel lieber bleiben wir zufrieden statt glücklich, oberflächlich statt tiefgründig und »normal« statt visionär, als dass wir es wagen würden, uns uns selbst zu stellen. Viel lieber begraben wir unsere Träume im Staub »vernünftiger« Ziele und ertränken unsere Sehnsucht im Wasser banaler Vergnügungen, als dass wir unser lauschiges Plätzchen im sicheren Hafen der Mittelmäßigkeit verlassen würden. Und so lassen sich viele von uns lieber auch weiterhin von den unbewussten, unbereinigten Anteilen in ihrem Innern beherrschen, anstatt selbst zum Herrscher zu werden. Doch in Wahrheit gilt es genau das zu sein: ein Herrscher über sich selbst und damit über sein Leben! Denn nur ein Herrscher besitzt die volle Entscheidungsgewalt. Nur ein Herrscher ist dazu ermächtigt, selbst zu entscheiden, wie er eine Sache sehen möchte; selbst zu entscheiden, ob er lieber glücklich oder unglücklich sein möchte.

Jeder von uns kann zum Herrscher werden. Ja, mehr noch: Jeder von uns *ist* ein Herrscher! Denn wir alle wurden als Herrscher geboren, als Könige über ein uns vom Universum selbst angestammtes und anvertrautes Reich. Doch dieser König lebt heute in vielen von uns im Exil: entmachtet, gestürzt, vertrieben und verbannt. Wir selbst haben ihm die Krone entrissen – weil wir sie als eine schier unerträgliche Last empfanden. Wir empfanden es als zu anstrengend, zu unbequem, zu mühsam und zu aufwändig, für alles selbst die Verantwortung zu tragen und so verließen wir uns lieber auf andere und traten die naturgegebene Macht unseres Geistes Stück für Stück ab. Der Preis allerdings, den wir für diese Bequemlichkeit zahlten, war hoch. Er bestand aus nichts Geringerem als unserer natürlichen, hereditären Freiheit: Der Freiheit, selbst über einen Sachverhalt nachzudenken; der Freiheit, zu einem eigenen Urteil zu kommen; der Freiheit, selbst zu entscheiden. Und so tauschten wir die Krone stillschweigend gegen den Almosenbecher, das Zepter gegen den Bettelstab, die Robe gegen den Lumpen, das Leben gegen den Komfort und die Größe gegen das Mittelmaß.

In dem Moment, in dem wir uns dazu entschließen, die Verantwortung über unseren Geist, über unser Leben, wieder zu übernehmen und in die eigene Tiefe springen; in dem Moment erwacht unsere Seele zu ihrer tatsächlichen Macht und Stärke und ein weiterer Teil des Seelenplans erfüllt sich.

Doch wie wird man jetzt konkret zum Herrscher über seinen Geist? Wie befreit man den König aus seinem Kerker? Nun, zunächst einmal muss man sich selbst bedingungslos offen legen, die eigenen unbewussten Denkmechanismen aufspüren und entlarven. Bei etwa sechzigtausend Gedanken pro Tag ist es allerdings ein schier aussichtsloses Unterfangen, alle diese Gedanken beobachten zu wollen oder sich ihrer überhaupt bewusst zu werden. Unnötig zu sagen, dass man in diesem riesigen und weit verschachtelten Labyrinth, samt seinen vielen Kreuzungen, Windungen und Sackgassen, den eigenen verborgenen Überzeugungen und Denkmustern nur sehr schwer bis gar nicht auf die Schliche kommt. Leicht und mühelos erkennt man sie, wenn man die komfortabel ausgebaute Schnellstraße wählt. Diese Schnellstraße, diese »Seelenautobahn«, ist das aufmerksame Beobachten der Menschen um sich herum.

In Wahrheit gibt es nur einen Geist und nur eine gemeinsame Seele. Das bedeutet, wir sehen im Außen immer unsere eigene Seele. Wir sehen sie in der Seele des anderen. Deshalb achte nur darauf, was deine Mitmenschen den ganzen Tag über so von sich geben, höre genau hin und du wirst viel über dich selbst lernen. Vielleicht hörst du sie häufig von Problemen und Sorgen reden, von Krankheit, Schuld, Mangel, Knappheit oder davon, wie schlecht und böse doch die anderen sind und wie gut sie selbst. Was auch immer: Es gibt dir Aufschluss über dich, wenn du es für die Reflexion benutzt:

»Was sage *ich* eigentlich den ganzen Tag über?«

»Was kommt da alles unbewusst oder unbeabsichtigt aus *mir* heraus?«

»Was denke *ich* eigentlich über mich selbst und meine Mitmenschen?«

Dein Unbewusstes wird dir in dem Moment bewusst, in dem du dir selbst aufmerksam zuhörst. Was du sagst, das denkst du; was du denkst, das glaubst du; was du glaubst, das tust du. Und so formst du deine Welt.

Erschrick nicht, wenn dir durch dein achtsames Zuhören plötzlich vielleicht Denkgewohnheiten und Glaubensmuster vor Augen geführt werden, die du bisher nicht von dir kanntest oder auch niemals für möglich gehalten hättest. Vielleicht stellst du fest, dass auch du oft von Problemen, Krankheit, Mangel, Zwietracht, Schuld oder gar Tod redest und so eine Einladungskarte an das Leben gesendet hast, dir genau diese Dinge zu liefern – eben *weil* du deinen Seelenplan noch nicht erfüllt hast; eben *weil* du noch nicht gelernt hast, zum Herrscher zu werden.

Erinnern wir uns: Jeder Seelenplan ist zwar stets höchst individuell, beinhaltet aber als Endziel immer, zu dem zu erwachen, was wir unserer Seelennatur nach sind: unsterblich, liebend und machtvoll. Wenn du feststellst, dass auch du im Alltag überwiegend vom Gegenteil dessen sprichst, was deine Seele ausmacht, dann arbeite daran, aber verurteile dich nicht. Vergib es dir. Vergib dir, was du dir selbst durch dein Denken und Sprechen angetan hast. Vergib dir, deine Lektion diesmal noch nicht gelernt zu haben. Vergib und versuch es in Zukunft einfach besser zu machen! Sei gut zu dir, indem du dich selbst dazu ermächtigst, ganz bewusst nur noch die Wahrheit über dich und andere zu denken. Und diese Wahrheit ist:

»Ich bin unsterblich.
Ich bin liebend.
Ich bin machtvoll.
Ich bin frei.
Ich bin unschuldig.
Ich bin schön.
Denn mein Geist ist Teil des universellen Geistes; Teil von Gottes
Geist. Er selbst hat mich auf ewig makellos geschaffen – als Abbild
Seiner selbst.«

Und dein Erschaffer selbst bürgt dafür, dass nichts anderes als das dich je erreichen kann. Auch wenn wir Menschen uns oft einzureden versuchen, schuldig, begrenzt, schwach, unzulänglich, hilflos, mangelhaft oder hässlich zu sein: Vor Gott, vor dem Leben sind wir alle gleich. Wir alle sind gleich heilig, denn wir alle bleiben so, wie wir geschaffen wurden. Das erneut zu erkennen, ist unser Auftrag und wir erfüllen ihn immer dann, wenn wir uns angewöhnen, unseren Gedanken und Worten gegenüber wachsam zu sein, die Verantwortung dafür zu übernehmen und sie bewusst einzusetzen. Wir erfüllen unseren Auftrag immer dann, wenn wir uns entscheiden, unsere von Gott gegebene Krone wieder aufzusetzen. Dann darf das Land wieder jubeln, denn der König ist endlich zurückgekehrt.

Die Macht der Worte

Ein Sprichwort sagt: »Wachsamkeit ist alles« – und auch hier hat der Volksmund wieder einmal recht. Ohne Wachsamkeit sich selbst gegenüber fällt man nämlich auf dem Weg zum Herrscher nur zu schnell wieder in alte gedankliche Gewohnheiten und Muster zurück und damit zwangsläufig zurück in den Mechanismus von Ursache und Wirkung.

Ein konkreter Fall in meiner Familie hat mir vor einiger Zeit die Augen für diesen verborgenen Mechanismus geöffnet.

Eine nahe Verwandte – sie ist etwa so alt wie ich – hatte nach einer schweren Operation über Monate hinweg mit allgemeiner Schwäche und körperlicher Niedergeschlagenheit zu kämpfen. Ich möchte nicht sagen, dass sie viel gejammert hätte, aber trotzdem hörte ich sie fast bei jedem Gespräch Dinge sagen wie: »Ich bin ja so schwach«, »Meine Organe arbeiten nicht mehr optimal«, »Ich habe keine Power mehr« oder »Ich fühle mich ständig so erschöpft und ausgelaugt.« Natürlich war nicht von der Hand zu weisen, dass dies alles stimmte, und natürlich hatte ich auch Mitgefühl für meine Verwandte; es war nur so, dass ich diese Dinge *unentwegt* zu hören bekam – über Wochen, Monate, ja sogar Jahre hinweg! Klar, dass sich die Schwäche nicht auflösen konnte, wenn sie sich selbst immer wieder einredete, schwach zu sein. Die Aussagen, kränklich und kraftlos zu sein, wurden für sie ganz unbemerkt zu einer Art unbewussten Mantras und so begannen die Dinge in ihrem Leben mehr und mehr einen negativen Verlauf zu nehmen: Zwei ihrer drei Katzen wurden krank und starben, Wäschetrockner und Spülmaschine gingen kaputt, neue körperliche Beschwerden entstanden und schließlich kam es dann zu allem Überfluss in ihrer Wohnung auch noch zu einem Wasserrohrbruch. Und das alles innerhalb eines Jahres! Die Frage ist: Kann das alles Zufall gewesen sein? Oder reagiert das Leben tatsächlich auf das, was wir tagtäglich gedanklich oder verbal aussenden? Die Antwort ist eindeutig: Ja!

Geist herrscht über Materie, weil alles aus Geist, aus Energie besteht. Die moderne Wissenschaft, allen voran die Quantenphysik, bestätigt uns mittlerweile diese Tatsache. Es wurde herausgefunden, dass Materie nichts anderes als verdichtete Energie ist und sich diese Energie in permanenter Schwingung befindet. So ist es nachgewiesen, dass zum Beispiel Pflanzen auf das reagieren, was wir an gedanklichen oder verbalen »Energiewellen« aussenden. Liebevolle, achtsame Worte brachten in entsprechenden Experimenten des Forschungsinstituts Weihenstephan[12] belegbar besseres Wachstum, schmackhaftere Früchte und deutlich höhere

[12] Vgl. »Pflanzen besitzen eine besondere Intelligenz« in DIE WELT vom 11. Januar 2010

Erträge (bei Tomaten durchschnittlich 500 Gramm) hervor. Auf Ablehnung, Ignoranz oder Herabwürdigung dagegen reagierten die Pflanzen entsprechend mit Schwäche und Anfälligkeit gegenüber Krankheiten. Genauso verhält es sich mit uns Menschen: Denken wir liebevoll über uns selbst (und andere), reagiert auch unser Körper und unser ganzes Umfeld entsprechend mit Liebe. Denken wir ablehnend, geschieht das Gleiche, nur umgekehrt.

Ablehnung sich selbst gegenüber, gegenüber dem, wie man ist oder gegenüber dem, was man fühlt, ist eine subtile Form der Selbstverletzung – sowohl auf energetischer als auch auf körperlicher Ebene. Dies musste ich selbst in der Vergangenheit, im wahrsten Sinne des Wortes am eigenen Leib erfahren.

Nach meiner Scheidung im Jahr 2003 arbeitete ich mehrere Jahre selbstständig in meiner eigenen Massagepraxis. Das Geschäft »brummte« zwar nicht, hielt mich finanziell aber doch einigermaßen gut über Wasser. Im Laufe der Zeit jedoch machte mir die Tätigkeit des Massierens immer weniger Spaß. Mehr und mehr überfiel mich vor jedem Termin ein regelrechter »Widerwillen«, eine Art sonderbar angespannte Beklommenheit in der Magengegend. An diesem Punkt musste ich mir die Wahrheit, die ich innerlich schon lange Zeit gespürt hatte, offen eingestehen: »Maria, diese Arbeit ist nicht das Richtige für dich!« (Und wenn ich heute ehrlich bin: So richtig geliebt habe ich die Arbeit nie.) Auf der anderen Seite allerdings hatte ich viel zu große Angst, die Praxis einfach aufzugeben, weil ich nicht wusste, was ich stattdessen tun wollte, und nach der Scheidung irgendwie Geld verdienen musste. Also machte ich weiter und verdrängte die Gefühle der Abneigung. Ich arbeitete weiter, gegen mich selbst und gegen meine eigene innere Wahrheit; wie ein Vogel, der so große Angst vor dem Fliegen hat, dass er es sogar vorzieht, wie ein Fisch unter Wasser zu leben.

Klar, dass das auf Dauer nicht gut gehen konnte. Und es war ja nun bei Gott nicht so, dass das Leben mich nicht gewarnt hätte! Im Gegenteil, immer wieder hatte es mich mit felsenfester Beharrlichkeit darauf hingewiesen, dass meine damalige Tätigkeit der falsche Weg für mich war. Ja, nur zu oft hat das Leben mir seine Aufforderungen geschickt, endlich reinen Tisch zu machen. Nur zu oft hatte ich mir kurz vor einem Termin eine schmerzhafte Verbrennung am Arm zugezogen, mich beim Essenkochen in den Finger (oder gleich in die ganze Hand) geschnitten oder mir durch mein scheinbares »Ungeschick« den Knöchel verstaucht. Doch ich machte immer noch weiter, schließlich trieb mich die Angst an.

Es bedurfte erst der plötzlichen Gehirnblutung Ende 2010, die von heute auf morgen »gewaltsam« einen Schlussstrich unter dieses lange Kapitel unehrlicher Maskerade zog, denn seither ist mein linker Arm etwas gehandicapt und zum Massieren nicht mehr zu gebrauchen. So gesehen »zwang« mich das Leben regelrecht, endlich ehrlich zu mir zu sein.

Doch obschon ich jetzt im Grunde hatte, was ich wollte, nämlich Erlösung von einem ungeliebten Job, sah ich mich nun am Rande der totalen Verzweiflung. Die Tatsache, nicht mehr massieren zu können, erfüllte mich mit ungeheurem Schrecken. Das vormalige Gefühl der Abneigung war zwar verschwunden, doch dafür entwickelte sich jetzt die Angst zusehends zu blanker Panik. Tag für Tag, Nacht für Nacht befielen mich dieselben quälenden Gedanken: »Was mache ich jetzt bloß?«, »Was soll nur aus mir werden?«, »Ich werde obdachlos werden und verhungern!«, »Ich bin verloren« etc. Mir war, als stünde ich am Ende einer langen, hölzernen Planke, nur noch ein paar wenige Herzschläge von dem klaffenden, schwarzen Loch unter mir entfernt, wobei jeden Moment die Planke zu brechen drohte, Minute für Minute, Tag für Tag.

Nach Wochen des Martyriums wusste ich: »Ich muss etwas unternehmen!« So entschied ich mich eines Tages für das Vertrauen und begann, meinen Verstand konsequent zum Schweigen zu bringen, seine Assoziationen und Befürchtungen rigoros zu stoppen und dadurch zum Herrscher über ihn zu werden. Jedes bange Sorgen, jeden nagenden Zweifel und jeden aufkommenden Anflug von Angst ersetzte ich fortan sogleich durch einen einzigen, gezielten Gedanken:

»Jetzt, in diesem Moment, habe ich alles, was ich brauche. Auf alles Weitere will ich einfach vertrauen!«

Ich begann, dem Leben zu vertrauen – und das Leben ließ mich nicht im Stich, zu keiner Zeit. Es sorgte für mich und schickte mir unverhofft Unterstützung durch viele, viele liebevolle Menschen. Mir wurde geholfen, sowohl materiell als auch immateriell, und so verwandelte sich die Angst vor der Unsicherheit Stück für Stück in Hingabe an dieses famos-geniale, absurd-hinreißende Risiko, das wir Leben nennen.

Die damalige Situation war meine ganz persönliche Lektion im vertrauen Lernen. Heute bin ich dankbar für sie. Ich bin dankbar, den ungeliebten Job als Masseurin nicht mehr ausführen zu müssen und frei zu sein. Ich bin dankbar, mich nicht länger zu etwas zwingen zu müssen. So bin ich mir heute in einem absolut sicher: Die Gehirnblutung musste sein! Sie musste mit meinem alten Leben Schluss machen, weil ich selbst es mich nicht traute.

Ich traute mich nicht, das zu tun, zu dem mein Herz, meine Seele mich immerzu aufforderten. Ich konnte nicht tun, was ich meinem Seelenplan nach tun musste, also hat es das Leben selbst getan, zwar mit etwas »härteren« Mitteln, aber erfolgreich.

Weniger das nicht-Wollen, viel eher das Sich-nicht-Trauen ist der Grund, warum das Leben manchmal zu drastischen Maßnahmen greifen muss.

Erforsche selbst: Traust *du* dich, zu dir selbst zu stehen? Traust *du* dich, deiner Seele zu folgen, dich selbst zu lieben und auch dementsprechend zu handeln, ungeachtet aller möglichen Konsequenzen? Wenn ja, dann nimm die Hinweise, die dir deine Umwelt gibt, an. Nimm sie an und sei bereit, von ihnen zu lernen, indem du deine Gedanken, Worte, Überzeugungen und Handlungen änderst. Sei bereit, jede Art von Ablehnung dir selbst gegenüber, gegenüber deinen Gefühlen, Neigungen, Impulsen, Sehnsüchten, deinem Körper, deinem so-Sein in liebevolles Annehmen umzuwandeln, denn die Macht der Transformation liegt im Annehmen: in der Würdigung, die du dir selbst und allen Dingen um dich herum entgegenbringst.

Das konstruktive Denken

Alles im Leben dient. Alles dient *dir*, damit *du* erkennst, dass es immer nur deine eigenen (lieblosen) Gedanken, Worte, Überzeugungen, Erwartungen, Urteile, Vorstellungen und Geringschätzungen sind, die dich verletzen. Es sind nicht die anderen. Die anderen tun nur das, was deine Seele ihnen aufgetragen hat zu tun, nämlich dir klarzumachen, dass du frei bist und dass dein geistiger Friede ausschließlich von dir selbst abhängt. Liebevolles Denken, liebevolles Sprechen machen dich stark. Und Stärke ist es, die du willst, Krieger! Stärke ist es, was du *bist*!

Ablehnendes, liebloses und sich selbst gegenüber unaufrichtiges Denken und Sprechen (Sprechen ist nichts anderes als manifestiertes Denken) ruft im Außen zwangsläufig ebenso ablehnende, lieblose oder schmerzende Situationen herbei. Selbst solche unangenehmen Situationen haben jedoch ihr Gutes. Auch sie dienen einem höheren Zweck, indem sie uns einmal mehr vor die Wahl stellen. Es ist so, als ob das Leben selbst an unsere Tür klopfen und zu uns sagen würde:

»Du hast geliefert bekommen, was du bestellt hast. Willst du diesen Weg der schmerzlichen Erfahrung weitergehen oder soll es nächstes Mal etwas anderes sein?«

Was antwortest du dem Leben? Wie lautet deine Wahl? Willst du weiter den Weg des Schmerzes gehen? Sicherlich nicht! Dann ändere jetzt die Intention, die du dem Leben tagtäglich überbringst, indem du dir zunächst einmal selbst zuhörst, was du jeden Tag denkst oder sagst. So geht dir ein Licht auf und du erkennst dich selbst als ein machtvolles, geistiges Wesen, das unentwegt das *Morgen* erschafft – mit allem, was es *heute* sagt, denkt, fühlt und tut.

Doch genug geredet, gehen wir jetzt direkt zur Praxis über. Finden wir heraus, welche Art von Gedanken wir den lieben langen Tag über eigentlich so denken und was da an einem durchschnittlichen

Tag alles unbemerkt über unsere Lippen kommt. Orten wir den Stein des Anstoßes und starten wir mit der Selbstanalyse:

Denkst und sprichst du vielleicht oft von und Tod? Dann leugnest du auf unbewusster Ebene dein ewiges Leben. In deinem tiefsten Innern glaubst du nicht daran, als geistiges Wesen zu existieren, welches schon immer existiert hat und auf ewig existieren wird.

Beispiele:
»Mir geht es nicht gut«,
»Hoffentlich ist es nichts Schlimmeres«,
»Ich bin so krank« oder *»Das macht mich krank«,*
»Mein Knie wird einfach nicht besser«,
»Ich habe keine Kraft« oder
»Ich fühle mich immer so schwach und ausgelaugt«.

Denkst und sprichst du vielleicht oft von Problemen oder von den »harten« und »schweren« Zeiten in deinem Leben? Dann leugnest du, dass das Leben leicht sein und Freude machen kann. Du glaubst nicht daran und verbietest dir so, Leichtigkeit und Freude in dein Leben treten zu lassen.

Beispiele:
»Mein Auto macht mir nichts als Probleme«,
»In unserer Firma herrscht das reinste Chaos«,
»Ständig muss ich diesen verflixten Handwerkern hinterher-telefonieren«,
»Mein Vermieter macht mir nichts als Kummer« oder aber auch
»Damals war eine so schwere Zeit für mich, ich komme einfach nicht darüber hinweg«.

Grübelst und sprichst du vielleicht oft über Sorgen, über die Angst um die Zukunft, deinen (finanziellen) Besitz oder deine künftige Versorgung? Dann leugnest du, dass das Leben vertrauenswürdig ist. Du glaubst nicht daran, dass die Erde, das Leben, wie eine nährende Mutter ist, die für jedes ihrer Kinder gleichermaßen sorgt.

Beispiele:
»Ich weiß nicht, wie ich das alles finanziell schaffen soll«,
»Hoffentlich passiert mir nichts«,
»Wer weiß, ob ich in x Jahren überhaupt noch eine sichere Rente habe!«,
»Was wird nur aus mir?« oder
»Eigentlich hasse ich ja meinen Job, aber ich bin so froh, überhaupt etwas zu haben!«.

Denkst und sprichst du vielleicht oft davon, dass andere etwas verkehrt machen und Fehler und Schwächen haben? Dann leugnest du, dass sie Teil von dir und auf ewig mit dir verbunden sind. Du glaubst nicht daran, dass ihre und deine Seele *denselben* Ursprung haben und ihr euch beide auf geistiger Ebene vollkommen ebenbürtig seid.

Beispiele:
»Auf meinen Partner ist einfach kein Verlass«,
»Mein Partner versteht mich einfach nicht, er versucht es nicht einmal!«,
»Mein Chef ist so ignorant; er verkennt meine Stärken«,
»Diese Ausländer sind an allem schuld, sie sind gewalttätig und nehmen uns die Arbeit weg!« oder

»Schau dir mal die an, wie dick und ungepflegt die ist!«.

Sind dein Denken und Sprechen vielleicht oft von deiner eigenen Kleinheit und Ohnmacht geprägt oder machst du dich selbst gern schlecht? Dann leugnest du unbewusst dich selbst. Dieser Punkt ist der häufigste von allen und auch der destruktivste. Da du nicht daran glaubst, dass alle Macht in dir liegt, machst du dich von deiner Außenwelt abhängig; du machst dich stillschweigend zu ihrem Opfer.

Beispiele:
»Mensch, bin ich dämlich!«,
»Ich kann das nicht!«,
»Ich brauche Hilfe, weil ich es allein nicht schaffe!«,
»Ich weiß nicht, was ich tun soll« oder
»Ohne (meinen) Partner kann ich nicht leben«.

Hast du dich in irgendeinem dieser Sätze selbst wieder erkannt? Wenn nein: Gratulation, du hast alle Hürden mit Bravour genommen! Wenn ja: Kopf hoch, es ist noch kein Meister vom Himmel gefallen! Verurteile dich für nichts. Wir alle haben uns angewöhnt, destruktiv, vernichtend, zerstörerisch und subversiv zu denken und zu sprechen. Auch ich selbst ertappe mich gelegentlich dabei. Doch das ist nicht schlimm, Fehler können jederzeit korrigiert werden. Vergib sie dir einfach und denke und rede von nun an anders: Denke und rede konstruktiv, aufbauend, fruchtbar, heilsam!

Den ersten notwendigen Schritt dazu hast du bereits hinter dir, nämlich den, dir durch dein achtsames Zuhören deine eigenen geistigen und verbalen Botschaften bewusst zu machen. Von jetzt an kannst du beginnen, zum Herrscher zu werden, denn von jetzt an kannst du deine Gedanken und Worte *bewusst* wählen und so deine Intention an das Leben ändern. Wie genau du das machst, bleibt dabei ganz dir überlassen, doch sei dir in einem sicher: Das Leben wird immer darauf reagieren! Wie diese Reaktionen konkret aussehen, kann natürlich niemand vorhersagen, in Wahrheit aber ist das auch gar nicht mehr so wichtig. Durch deine Wahl nämlich, bewusst und konstruktiv zu denken und zu sprechen, hast du die Weichen für etwas gestellt, das völlig unabhängig von allen äußeren Umständen ist: den inneren Frieden. *Das* ist der wahre Schatz, denn Umstände kommen und gehen und ändern sich alle irgendwann, die »guten« genauso wie die »schlechten«. Der Friede aber bleibt.

Nur eines noch zum Schluss: Vielleicht mag der Skeptiker in dir an dieser Stelle einwerfen, dass einige der vorigen Beispielsätze ja bloß Aussagen darüber sind, was wirklich den Tatsachen entspricht, z. B. »Ich bin krank«, »Ich fühle mich nicht gut«, »In meiner Firma herrscht das reinste Chaos« oder »Mein Auto macht mir nichts als Ärger«. Nun, das lässt sich auch gar nicht bestreiten! Konstruktives Denken ist kein »positives Denken«! Du musst dich nicht in, der Realität widersprechenden, Affirmationen üben à la »Ich bin gesund«, »Mir geht es bestens«, »Meine Firma ist ein Ort überquellender Harmonie« oder »Mein Auto ist supertoll«.

Nein, stelle den Ist-Zustand ruhig fest, aber dann halte dich nicht unnötig damit auf. Mache kein Drama daraus! Im Dramatisieren machst du alles nur noch schlimmer, weil du dadurch den betreffenden Dingen und Situationen Energie zuführst und sie somit stärkst. Behalte deine Energie lieber bei dir und schau dir stattdessen einfach nur ganz zwanglos und ruhig die Dinge an, wie sie nun mal sind, und stelle dann das Rotieren in deinem Kopf entschieden ab. *Du* bist der Herr im Haus, vergiss das nicht! Deshalb erlaube dir kein langes Nachhängen mehr, kein sorgenvolles Grübeln und kein mentales Festkleben an den Umständen. Kein Selbstmitleid. Kein Jammern. Kein Klagen. Keine Überbewertung. Keine Hysterie. Nur ein kurzes Feststellen, ein sachliches »Aha, okay« und dann Punkt. Ruhe. Stille. Frieden.

Hört sich das für deinen dramagewohnten Verstand schwierig oder im Alltag sogar gänzlich unmöglich an? Ist es aber nicht! Der Schlüssel zum Frieden liegt in drei ganz kleinen, unscheinbaren Wörtern begründet:

»Ich will vertrauen!«

Das ist es! Diese drei kinderleichten Wörter, ehrlich ausgesprochen, beenden jedes Problemewälzen, jedes sorgenvolle Grübeln und jedes theatralische Dramatisieren auf der Stelle! Und mal ganz davon abgesehen: Ist es nicht eine herrliche Vorstellung, einfach zu vertrauen? Sich fallen zu lassen und alles in die Hände der Liebe, des Lebens, des Universums zu geben? Alle Sorgen, alle Probleme, alle Befürchtungen, alles Streben, alle Angst?

Im Vertrauen bleibt nur Frieden übrig, denn Vertrauen sagt: »Alles wird sich von selbst regeln.« Inmitten des nicht-Wissens, was werden wird oder wie es weitergehen soll, beginnt es aufzublühen, und dieses *wahre* Vertrauen erblüht wie eine lieblich duftende Blume mitten in der Wüste! Auf einmal ist das Leben wieder leicht, macht das Leben wieder Spaß, hat das Leben wieder Zauber! Wüssten wir immer schon im Vorhinein, was das Leben für uns vorhat, wäre es kein Leben. Dann wäre es Stillstand, Stagnation und wir lägen längst im Grab.

Gerade das nicht Wissen macht das Leben lebendig, indem es uns dazu auffordert, uns hinzugeben, alle Angst und Zweifel abzuschütteln und uns aufzeigen zu lassen, was es überhaupt heißt, am *Leben* zu sein. Denn der Sinn des Lebens besteht ganz gewiss nicht darin, sich unentwegt gegen alle seine möglichen und unmöglichen Gefahren und Unwägbarkeiten zu verteidigen und abzusichern, oh nein! Der Sinn des Lebens ist es, zu *leben*: sich ganz und gar dem dynamischen Takt des Universums, der Natur, der Existenz anzuschließen und buchstäblich mit ihm zu verschmelzen. Dadurch lernen wir begreifen, was das Leben wirklich ist: ein Geschenk! Ein Geschenk, äußerlich eingepackt in einen geheimnisvollen, undurchdringlich gewobenen Schleier, aber in seinem Innern gefüllt und durchdrungen mit atemberaubenden Impressionen, wundervollen Abenteuern, staunenswerten Entdeckungen, sinnlichen Erfahrungen und kindlich-unschuldiger Reinheit. Doch das alles offenbart sich erst, wenn wir es wagen, unsere in Watte gepackte und mit tausend Airbags abgesicherte Gummizelle zu verlassen, und ins Freie fliegen. Und fliegen können wir nur, wenn wir uns trauen, zu vertrauen. Nur wenn wir unser Haus auf den Glauben bauen, dass wir nicht abstürzen werden.

Das Leben ist eine – im wahrsten Sinne des Wortes – lebenslange Liebesbeziehung, eine leidenschaftliche Romanze mit dem Ungewissen. Vertrauen ist die Erwiderung der uns gegebenen Liebeserklärung, weil wir uns in wahrem Vertrauen dem Leben uneingeschränkt übergeben, obwohl (oder gerade *weil*) wir nicht wissen, was als Nächstes geschehen wird. In dieser Würdigung, dieser Anerkennung, diesem Ehrerbieten lassen wir alles verstandesmäßige Planen und Arrangieren los, denn ganz tief im Herzen endlich haben wir die einfache, schlichte Wahrheit akzeptiert und bejaht:

»Ich selbst weiß nichts – das Leben weiß alles.«

Es ist nicht das intellektuelle Wissen, das einen Menschen letztendlich weise macht. Ein Mensch kann das Wissen aus tausend Büchern in sich tragen, weise muss er deshalb noch lange nicht sein. Weisheit kommt nicht vom Wissen, es kommt vom Vertrauen, vom Erfahren. Würden wir Menschen nur einmal aufhören, immer alles planen zu wollen, uns ständig zu sorgen und uns über alles und jedes den Kopf zu zerbrechen, würden wir es erfahren. Wir würden erfahren, dass wir *alle* Teil eines intelligenten, eines genialen, eines brillanten Universums sind und dass sich dieses Universum um sich selbst in völliger Perfektion kümmert und nie einen Teil seiner selbst vergisst. Würden wir nur vertrauen, würden wir es erfahren. Würden wir es erfahren, würden wir weise.

Der Strom des Lebens weiß, wohin er zu fließen hat. Du, mein Krieger, bist Teil dieses Stroms, deshalb hab Vertrauen und lass dich von ihm tragen. Und immer, wenn dir dieses Vertrauen einmal nicht gelingen will oder abhanden kommt, erinnere dich einfach schnell wieder an diese Sätze der Wahrheit:

*»Ich bin von Gott, von der Liebe, geschaffen worden wie sie selbst.
Und deshalb wird Gott, die Liebe, sich um mich kümmern – egal,
was auch immer passieren mag.«*

Das Geschenk der Dankbarkeit

Mag sein, dass in deinem Leben momentan Umstände vorherrschen, die nicht optimal sind. Vielleicht hast du zu wenig Geld, vielleicht hast du zu wenig Zeit, vielleicht fühlst du dich einsam oder verwirrt oder vielleicht bist du in einer Beziehung unglücklich. Was auch immer: Dein Umgang mit diesen Situationen ist entscheidend für ihre Lösung. Du kannst entweder das Hadern wählen, und damit das Versinken in der Schlammgrube des Jammerns, der Sorge, der Trübsal und der Depression, oder das Akzeptieren, und damit den Frieden, die Aussöhnung und die Dankbarkeit. Dankbarkeit ist das Stichwort: Auch sie ist eines der Grundprinzipien der Liebe, weil sie die Energien der Würdigung und Wertschätzung impliziert und dadurch das Gute im Leben mehrt. Doch kann man die segensreiche Energie der wahren Dankbarkeit ebenso wenig erzwingen wie die des Mitgefühls oder der Vergebung. Echte Dankbarkeit kann nur von selbst kommen. Und sie *wird* auch von selbst kommen, sobald das Hadern aufgehört hat.

Akzeptanz geht der Dankbarkeit immer voraus, denn im Akzeptieren schließe ich Frieden mit der gegenwärtigen Situation und nur, wenn ich hier und jetzt im Frieden bin, kann ich die vielen kleinen und großen Schätze des alltäglichen Lebens sehen und würdigen. Im Akzeptieren befinde ich mich nicht mehr im Widerstand gegen den Ist-Zustand und so höre ich intuitiv auf zu kämpfen und zu beschuldigen, sondern sage einfach nur still: »Ja, okay. Es ist in Ordnung und ich bin damit einverstanden.« Dieses Ja ist das Zauberwort, das alles ändert. Denn wo in meinem Blickfeld vorher nichts als karges Ödland war, voll mit Kratern, Staub, Schwierigkeiten und Stolpersteinen, ist jetzt plötzlich ein fruchtbares grünes Land, voll mit saftigem Gras, sprudelnden

Quellen, vergrabenen Schätzen und offenkundigen Wundern. Es war schon immer da, doch erst durch mein Ja konnte ich meine Augen dafür öffnen.

Indem ich die Situationen in meinem Leben akzeptiere, kann ich wieder dankbar sein für das, was ich jetzt gerade habe. Ich kann danken und würdige und anerkenne so die Fülle des Lebens. Mit anderen Worten: Ich höre auf, auf den Mangel zu starren, und schaue bewusst nur noch auf das, was ich jetzt im Moment bereits alles Wundervolles besitze. Mit dieser Sicht mehre ich das Wundervolle, mehre ich den Frieden, mehre ich das Glück, einfach, weil ich mich innerlich neu dafür geöffnet habe.

Akzeptanz und Dankbarkeit gehen Hand in Hand. Das eine befreit den Geist von Groll und Widerstand, das andere öffnet ihn für die Fülle der Gegenwart. Dankbarkeit ist demnach nichts anderes als ein Wechsel der Perspektive, weg vom achtlosen Vorübergehen, hin zur liebenden Wertschätzung. Probieren wir diesen Wechsel aus und schauen wir selbst, wie schnell man sich dadurch zufriedener, froher, gelassener und *wundervoller* fühlt.

Dazu ein paar Anschauungsbeispiele und Anregungen:

»Es ist in Ordnung, ich bin damit einverstanden, momentan wenig Geld zu haben. Aber ich bin dankbar für das, was ich habe!«

»Es ist in Ordnung, ich bin damit einverstanden, momentan viel zu wenig freie Zeit zu haben. Aber ich bin dankbar für die wenige Zeit, die ich habe!«

»Es ist in Ordnung, ich bin damit einverstanden, momentan eine eingeschlafene oder festgefahrene Beziehung zu führen. Aber ich bin

dankbar für jeden kurzen Moment, in dem die Liebe wie damals hervorblitzt!«

»Es ist in Ordnung, ich bin damit einverstanden, mich momentan einsam oder verwirrt zu fühlen. Aber ich bin dankbar, dass mir durch diese Phase die Chance gegeben wird, innerlich zu wachsen und mein eigener bester Freund zu werden!«

»Es ist in Ordnung, ich bin damit einverstanden, einen unperfekten Körper zu haben. Aber ich bin dankbar für die Einzigartigkeit, die meinen Körper besonders macht!«

»Es ist in Ordnung, ich bin damit einverstanden, momentan wenig in meiner Arbeit oder allgemein in meinem Leben zu haben, an dem ich mich erfreuen kann. Aber ich bin dankbar für jedes kleine Lächeln, das an diesem Tag über meine Lippen kommt und meine Seele berührt. Egal, ob es durch ein anerkennendes Wort eines Kollegen hervorgerufen wurde oder das kurze liebevolle Zwinkern der Verkäuferin im Supermarkt. Ich bin dankbar für jeden kurzen Moment des Glücks!«

Alles in unserer Umgebung reagiert auf das, was wir ausstrahlen. Strahlen wir Dankbarkeit und Würdigung aus, strahlt Dankbarkeit und Würdigung zu uns zurück: Ursache und Wirkung. Es geht weniger kaputt, die liebevollen Momente werden mehr, Situationen klären sich, Gefühle verwandeln sich und alles funktioniert und gelingt leichter und besser. Auf diese Weise setzen wir langsam, aber stetig eine bessere Entwicklung in Gang. Auch der Körper wird mit der Zeit Teil dieser Entwicklung werden. Auch er wird auf unsere Würdigung hin stärker und gesünder und auf unsere neu entdeckte Unternehmungslust mit Kraft und Energie antworten, denn die Wertschätzung, die wir uns selbst, unserem Körper, dem Leben und allen Situationen darin entgegenbringen, strömt in alles ein, in jeden Bereich unseres Daseins und in alles, was wir gerade tun.

Akzeptanz lässt dankbar werden.
Dankbarkeit lässt empfänglich werden,
empfänglich für die Wunder des ganz »normalen« Lebens.

Deshalb, Berufener: Akzeptiere, werde dankbar und dann öffne deine Augen. Missachte die kleinen Zeichen des Lebens nicht, sei aufmerksam und beobachte *alles* ganz genau: Achte darauf, wie die Menschen in deinem Umfeld sich dir gegenüber verhalten; achte darauf, wie deine Langeweile, deine Verwirrtheit oder deine Einsamkeit sich langsam in Unternehmungslust, Klarheit oder innere Stärke verwandeln; achte darauf, wie die Momente des Glücks mehr werden; achte darauf, wie du wieder neu über jede Kleinigkeit staunen lernst wie ein Kind; achte auf den kleinen Spatz, der sich draußen auf dein Fensterbrett setzt und neugierig zu dir hereinschaut, während du in deinem Stuhl sitzt und diese Worte liest.

Indem du jede noch so kleine Blume am Wegesrand achtest und würdigst, erkennst du die Wunder, die sich tagtäglich vor deiner Nase abspielen.

Immer und überall warten Wunder auf uns, die nur darauf warten, von uns entdeckt zu werden. Jeder Tautropfen, jede Schneeflocke, jeder Blütenkelch, jeder Grashalm, jeder Regenwurm spricht in seiner ihm eigenen Sprache von der Schönheit der Schöpfung. Ja, das ganze Leben ist ein einziges großes Wunder! Warum wir dieses Wunder meist nicht wahrnehmen, liegt daran, dass wir auf die Dinge fast immer durch die Brille unserer Gewohnheiten schauen. Es ist doch so: Etwas, das »neu« ist, ist immer interessant und spannend, z. B. ein neues Kleid, neue Möbel, neue Schuhe, (ein neuer Partner?). Doch nach wenigen Wochen oder Monaten bereits verlieren die Dinge den Reiz des Neuen und werden gewöhnlich. Man hat sich an ihren Anblick und ihre Vorzüge gewöhnt und nimmt sie gar nicht mehr wahr; es ist, als wären sie schon immer da gewesen und ihre Gegenwart ganz selbstverständlich. Und so laufen wir zunehmend achtlos an ihnen vorbei und merken gar nicht, wie in uns schon wieder ein neuer Wunsch nach neuen Dingen heranreift, nach aufregenden, nach interessanten Dingen, die unserer notorischen Langeweile wieder eine zeitlang abhelfen. Was für ein Hamsterrad!

Gewohnheit ist der Strick, der Wunder unmöglich macht.

Wunder werden wieder möglich, ja sogar alltäglich, wenn der Blick aufhört, alltäglich zu sein. Indem wir aufhören, durch die Brille der Gewohnheit zu schauen und unseren Geist frei und offen halten, wird jeder Tag zu einer neuen Geburt in ein neues Leben und in eine neue Welt. Dann ist jeder Tag ein einziges großes Wunder: ein erstes Schmecken, ein erstes Riechen, ein erstes Fühlen. Ein erstes Tanzen im Regen, ein erstes Spazieren im Sonnenaufgang, ein erstes Küssen im Abendrot, ein erstes Blumenpflücken im Mondschein, ein erstes Erwachen ins Leben.

Der innere Lauscher

Ruhe, Gelassenheit, Gleichmut und Frieden sind das unausweichliche Ergebnis, wenn wir uns mit Würdigung und Wertschätzung der Stille in unserem Herzen zuwenden. Unser Herz – das ist der Ort, wo der innere Lauscher wohnt, der Geist des Lebens, der unser Ursprung und unsere Quelle ist. Der innere Lauscher ist es, zu dem wir immer und jederzeit sprechen, der uns zuhört und unsere Gedanken, Worte und Überzeugungen im Außen sichtbare Realität werden lässt. Das ist des inneren Lauschers Dienst für uns: Er hilft uns von der Lieblosigkeit zur Liebe zu gehen, indem er uns die schöpferische Macht des gesprochenen (und gedachten) Wortes aufzeigt und uns so dazu auffordert, diese Macht umsichtig, bewusst und konstruktiv anzuwenden. Indem wir diesen stillen, inneren Lauscher in unserem Herzen zu lieben beginnen, beginnen wir, uns selbst zu lieben.

Übung: Die Quelle der Liebe

Setz dich einmal am Tag bewusst hin, geh tief in dich und schicke dem inneren Lauscher deine Aufmerksamkeit. Zieh dich nur für ein paar Minuten aus der hektischen Außenwelt zurück und widme dich ganz der liebenden Wertschätzung deiner göttlichen Quelle. Werde still und sprich zu deinem inneren Lauscher und wähle dabei einfach die Anrede, die sich für dich am besten anfühlt. Du kannst beispielsweise sagen:

»Ich liebe dich, mein stiller Lauscher. Ich liebe dich von ganzem Herzen und mit all meiner Kraft.
Ich danke dir für all die Wunder, die ich durch dich erfahren darf.
Ich danke dir, dass ich leben darf!«

Stell dir nun vor, wie sich dein Herz langsam mit goldenem Licht und wohltuender Wärme zu füllen beginnt. Bleibe für den Rest der Übung in dieser Vorstellung und genieße einfach. Genieße dieses mit Worten nicht zu beschreibende Gefühl von tiefer, ursprünglicher Liebe.

Mit dieser kurzen Übung, mit dieser kurzen, aber intensiven Wertschätzung deiner ureigensten Lebensquelle, bringst du die Liebe zu dir selbst, die Liebe zu deiner Seele, die Liebe zum Leben zum Blühen, denn *wahre* Liebe kann nur durch die Hinwendung zum eigenen göttlichen Urquell hervorgerufen werden. Sie wird nicht dadurch hervorgerufen, dass man »bloß« seinen Körper, seine Gefühle und seine Lebensumstände würdigt und anerkennt. Natürlich gehört auch das alles dazu, doch ihren Anfang nimmt die Liebe immer dort, wo ihre Quelle ist, wo *deine* Quelle ist. Von ihr aus beginnt sie von selbst, auf alles zu fließen: auf deinen Körper, deinen Geist, deine Gefühle, deine Beziehungen und kurz oder lang auch auf alle deine äußeren Umstände.

Die Liebe hat keine andere Quelle als dich.
Einzig dein eigenes Herz ist aller Liebe Ursprung.

Konzentriere dich auf dein Herz, auf den inneren Lauscher, auf die Lebensquelle, die dich hervorgebracht hat, die dich lebt und die dein Herz zum Schlagen bringt. Dringe vor zum Urgrund der Liebe und du brauchst dich nie mehr darum zu bemühen, etwas zu lieben – weil du zur Liebe selbst geworden bist.

Die fünf Gaben

Alles, was wir aus ganzem Herzen heraus wollen, geschieht. Es geschieht, weil der innere Lauscher uns grenzenlos liebt und uns deshalb alles erlaubt und alles möglich macht. Doch Achtung: Das gilt für alles! Hört Er uns oft jammern, oft nörgeln, oft kritisieren oder oft angreifend sprechen oder denken, dann schenkt er uns in seiner grenzenlosen Liebe immer noch mehr davon. Augenblick mal, stopp! In seiner grenzenlosen Liebe?! – Ja, ganz richtig gelesen. Der innere Lauscher, das Licht unserer Seele, möchte, dass wir unseren Seelenplan erfüllen, zu unserem eigenen Besten, denn unsere Seele möchte, dass wir glücklich sind. Oder exakter ausgedrückt: Sie möchte, dass wir aufhören, uns selbst unglücklich zu machen! Und um uns das klarzumachen, bedient sie sich, wenn es sein muss, auch des Negativen, damit wir erkennen, dass immer wir selbst verantwortlich für unser Wohlbefinden, unseren Frieden, unser Glück sind. Die Ausführung unserer Intentionen ist also des inneren Lauschers Dienst für uns, Seine Schule, damit wir lernen, nur noch um das zu bitten, was wir *wirklich* wollen, und dadurch unseren wahren Willen finden.

Wie steht es mit dir, mein Krieger? Kennst *du* deinen wahren Willen? Weißt *du*, was du wirklich willst? Willst du vielleicht einen schönen, neuen Wagen, eine gute Karriere, ein eigenes Haus oder Geld in Hülle und Fülle? Dies alles kann glücklich und vieles leichter machen, gar keine Frage, aber ist das wirklich dein *Wille*? Oder sind es nur Wünsche?

Es gibt in der Welt tausend und tausend Formen der Freude, aber im Grunde sind sie alle eine einzige; die Freude, lieben zu können.

Michael Ende[13]

Ich kenne dich nicht persönlich. Ich kenne weder deine Lebensumstände, deine Geschichte, noch deine Ziele und Vorstellungen. Aber ich kenne dich als Seele, so wie Seelen sich einander immer kennen, und deshalb wage ich zu behaupten: In Wahrheit ist es nur Liebe, die du willst! Sinne nur einen kurzen Augenblick aufrichtig darüber nach – und du erkennst, dass es so ist. Kein einziger Mensch auf dieser großen, weiten Erde wünscht sich tief, tief in seinem Herzen je etwas anderes, als lieben zu können und geliebt zu werden; als geben zu können und empfangen zu dürfen; als annehmen zu können und angenommen zu werden. Wie das geht, muss allerdings jeder für sich selbst herausfinden. Dieses Buch kann, genauso wie alle Bücher, nur Hinweise liefern, und der wichtigste aller Hinweise ist vielleicht folgender:

Lieben ist wiedergutmachen.

Ehe die Welt war, war die Liebe. Sie ist so viel älter als die Erde, so viel älter als das Universum und so viel älter als Zeit und Raum. Man kann sagen, die Liebe ist so alt wie Gott. In Wahrheit sind

[13]Michael Ende: »Die unendliche Geschichte«, Thienemann 1979

beides letztendlich nur verschiedene Bezeichnungen ein und derselben Energie. Aus der anfänglichen Liebe heraus entstand irgendwann das Universum, entstand die Welt, entstanden wir Menschen. Und es ist offensichtlich, dass wir die nach wie vor vorhandene Liebe in uns, in unseren Mitmenschen und in allem um uns herum vergessen haben. Es braucht nicht einmal eines Blicks in die Geschichtsbücher, nein, schon das bloße Aufschlagen der heutigen Zeitung genügt, um die Realität zu begreifen: Wir sind lieblos geworden. Lieblos zu uns selbst, lieblos zu den Tieren, lieblos zur Erde. Es liegt an uns, an unserer heutigen Generation, an dir und mir, diese Lieblosigkeit jetzt wiedergutzumachen. Und wir alle *sind* genau jetzt am rechten Platz, um damit zu beginnen!

Wiedergutmachen ist jederzeit möglich, auch in der scheinbar ausweglosesten Situation. Ehe wir aber versuchen, die Welt wiedergutzumachen, sollten wir bei uns selbst beginnen. Das heißt, bevor du die Beziehung zu deinen Mitmenschen, zu deinen Lebensumständen, zu deiner Außenwelt wiedergutmachst, mach die Beziehung zu dir selbst wieder gut. Schon Einstein wusste, dass ein Problem an seiner Ursache gelöst wird, nicht an seiner Wirkung. Selbstliebe, Selbstachtung und Selbstaufrichtigkeit ist alles, was von deiner Seite her nötig ist, der Rest geschieht von allein. Liebe und achte dich selbst – und heile damit die Welt. Nur so kann die Welt überhaupt geheilt werden, denn nur ein Mensch, der sich selbst voll und ganz lieben kann, kann auch andere Menschen lieben. Der österreichische Schriftsteller Robert Musil bemerkt dazu treffend:

Wer sich selbst nicht auf die rechte Art liebt, kann auch andere nicht lieben. Denn die rechte Liebe zu sich ist auch das natürliche Gutsein zu anderen. Selbstliebe ist also nicht Ichsucht, sondern Gutsein. [14]

[14]Robert Musil: »Der Mann ohne Eigenschaften II«: Aus dem Nachlass, Rowohlt 1994

Selbstliebe ist Gutsein – zu sich selbst und zu anderen. Wir dürfen es gutmachen. Beginnen wir am besten jetzt gleich, denn Gutmachen ist immer und jederzeit möglich, in jeder Situation. Alles wird gutgemacht durch die fünf Geschenke der liebenden Seele. Sie heißen:

Ich kann annehmen.
Ich kann verstehen.
Ich kann vergeben.
Ich kann vertrauen.
Ich kann danken.

Die nachfolgende Übung hilft dir dabei, diese Geschenke für dich selbst anzunehmen, und ermöglicht es dir so, sie auch allen deinen Nächsten anzubieten.

Übung: Das Fingerspiel

Erinnerst du dich noch an die Fingerspiele aus der Kindheit? An »Das ist der Daumen, der schüttelt die Pflaumen, ...« und so weiter? Wir alle haben diese Spiele geliebt, oder? Wie wäre es, heute ein ganz neues Spiel dazuzuerfinden? Ein Fingerspiel der Liebe zum Beispiel?
Spielen ist die leichteste und vergnüglichste Form des Lernens. Spiele, übe und verinnerliche das nachfolgende Spiel mit froher Regelmäßigkeit und schon können sich viele schwierige Situationen in deinem Leben schnell und einfach von dir verabschieden, indem du deinen Frieden damit schließt.

Lass es dir zur Gewohnheit werden, jeden Abend mit diesem Fingerspiel alles zu bereinigen, was tagsüber nicht so toll für dich verlaufen ist. Beginne immer damit, dass du zunächst an jemanden denkst, mit dem du eventuell gerade Schwierigkeiten oder Probleme hast oder in der Vergangenheit gehabt hast, z. B. an deine Eltern, deinen Chef, deine Freundin, dein Kind oder deinen Partner. Es kann sich sogar um bereits verstorbene Menschen handeln, das spielt überhaupt keine Rolle.

1. Umfasse mit der einen Hand den Daumen der anderen Hand und stell dir den Menschen vor, den du heute ausgewählt hast. Stell dir sein Gesicht vor, nenne seinen Namen und sage:
»{Name}, ich nehme dich so an, wie du bist.«

Lass dir Zeit, diese Worte in Zusammenhang mit dieser Person auf dich wirken zu lassen. Mache dir bewusst, dass du durch dein **Annehmen** die erste Weiche zur Versöhnung stellst.

2. Nun umfasse auf die gleiche Art deinen Zeigefinger und sage in Gedanken:
»{Name}, ich verstehe dich.«

Mit diesen Worten rufst du die Kraft des **Verstehens** in dir herbei.

Dir wird klar, warum und weshalb dieser Mensch so handelt, wie er nun mal handelt und erkennst, dass auch er in seinem tiefsten Herzen nur glücklich sein möchte. Durch dieses Erkennen kann sich ein tiefes Mitgefühl einstellen, sowohl mit ihm als auch mit dir selbst.

3. Geh weiter zum Mittelfinger und sage:
»*{Name}, ich vergebe dir – und ebenso mir selbst.*«

Sprich diese Worte und mache dir bewusst, dass du mit dem Element der **Vergebung** die verbindende Brücke zu deinem Gegenüber spannst. Durch diese Brücke ist es möglich, dass die Liebe euch beide gleichermaßen erreicht.

4. Als Nächstes umfasse deinen Ringfinger. Sage hier:
»*{Name}, ich vertraue dir.*«

Mit diesem Satz wird die Kraft des **Vertrauens** in euer beider Seelen aufgerufen und du erkennst, dass der andere auf Seelenebene untrennbar mit dir verbunden ist.

5. Zum Abschluss umfasse den kleinen Finger und sage:
»*{Name}, ich danke dir, dass es dich gibt.*«

Nun ist deine innere »Arbeit« vollbracht. Mit deinem **Dank** hast du euch beide, euer beider Seelen, wertgeschätzt. Diese Würdigung ist die Krönung der Selbstliebe, denn jetzt wird dir klar: Das alles hast du zu dir selbst gesagt!

Was immer in deinem Leben auch geschieht: Es ist das, was deine Seele für sich selbst gewählt hat. Deine Reaktionen auf diese Geschehnisse sind es, die bestimmen, was als nächstes passiert. Die Art, wie du darauf antwortest, die Art, wie du darauf reagierst, erzeugt den nächsten Moment. Unser Seelenplan ist nicht in sich geschlossen. Wir selbst sind es, die letztlich immer wieder aufs Neue seinen Verlauf mitbestimmen, indem wir ihn durch unsere Reaktionen entweder erfüllen oder nicht. Das Fingerspiel kann dabei helfen, »richtig« zu reagieren, indem es hilft, *friedvoll* zu reagieren. So ändern sich die kommenden Ereignisse ganz von selbst zum Guten. Wir selbst haben die Macht, alles zu transzendieren.

7. Die Wahl für das Leben

Jeder neue Tag hat zwei Griffe. Wir können ihn am Griff der Ängstlichkeit oder am Griff der Zuversicht halten.

Henry Ward Beecher

Der Zauber des Neuanfangs

Manchmal begegnen uns im Leben Situationen, die uns ausweglos vorkommen. Situationen, die wie ein langer dunkler Tunnel ohne Ende und ohne jedes Licht erscheinen. *Erscheinen* wohlgemerkt, denn für die Seele gibt es niemals ausweglose Situationen. Für die Seele gibt es immer Licht! Für sie gibt es keine Sackgassen und Endstationen, sondern nur Chancen und Möglichkeiten. Das gilt sogar dann, wenn wir persönlich denken, es gäbe keinen Ausweg, z. B. in Situationen, in denen

- lang anhaltende Trauer, Enttäuschung oder Kummer uns beherrschen,
- wir ständig von den Sticheleien und Spötteleien unserer Mitmenschen begleitet werden, oder
- schwierige, beziehungsbedingte Spannungen oder beruflicher Stress zu Ausgebranntsein, Verdruss, Depression und im Extremfall vielleicht sogar Todessehnsucht führen.

Beleuchten wir einen Moment das Thema Todessehnsucht. In unserem Fall gibt es zwei Formen des Todes. Die eine ist das unumgängliche Entschlafen am Lebensende, das im Normalfall leicht und friedvoll ist – wie das Wechseln der Kleidung – und die andere ist die Todessehnsucht, die eine Reaktion auf lang anhaltende Enttäuschungen darstellt und ihren Kern im Lebensüberdruss hat, der im Selbstmord sogar zur Lebensflucht wird. Beim Tod jedoch stirbt nur der Körper, nicht das Leben, nicht das Bewusstsein, nicht das Licht des Geistes. In Wahrheit ist das Leben nie so lebendig wie nach dem Tod!

Wie ein Mensch alte Kleider ablegt und neue anlegt, so gibt die Seele alt und unbrauchbar gewordene Körper auf und nimmt neue an.
Baghavadgita 2.22

Die hinduistische Lehre des Karma (welche in etwas abgewandelten Formen auch im Buddhismus und Jainismus bekannt ist) besagt, dass alles »Unerledigte«, alles nicht »Gelernte« eine Seele dazu veranlasst, sich immer wieder von Neuem in die Dimension der Form zu inkarnieren. So entsteht unsere persönliche Welt, so entsteht unser Seelenplan. Doch was ist es denn nun, das wir hier auf Erden eigentlich zu »erledigen« bzw. zu »lernen« haben? Im Kapitel über den Seelenplan haben wir die Antwort auf diese Frage bereits erforscht und so sehen wir, dass unser aller gemeinsames Ziel das Erkennen unserer ursprünglichen, göttlichen Natur ist. Unsere Seele sucht sich für jedes ihrer unzähligen Leben immer solche Situationen aus, in denen sie genau dies lernen kann. So gesehen hat *jede* Situation in unserem Leben ihren Zweck, weil *jede* das Potenzial in sich birgt, uns zu unserem eigenen Erkennen zu führen.

Wir sehen wie Menschen aus, aber in Wahrheit sind wir viel mehr. In Wahrheit sind wir nichts anderes als Form gewordenes, reines Licht – so wie alles, was wir um uns herum als scheinbar »feste« Materie wahrnehmen. Alles ist Licht, alles ist Energie, alles ist Bewusstsein, alles ist göttlich: jeder Baum, jedes Tier, jeder Stein. Ja, sogar der winzigste Flusskiesel trägt in sich die Erbanlagen der gesamten Schöpfung, des ganzen Universums. Wir alle tragen den Himmel in uns und wir alle sind auf der Erde, um diesen Himmel hierherzubringen. Wir sind hier, um die bedingungslose Liebe, die wir sind, manifest zu machen – durch unsere Gedanken, Worte und Taten. Schon Jesus vermittelte uns das auf seine Weise, als er verkündete: »Denn sehet, das Reich Gottes ist inwendig in euch.«

Die besondere Aufgabe, die uns Menschen gegeben wurde, ist, wahrhaftig zur Krone der Schöpfung zu werden. Auf dem Weg dorthin findet sich wohl jeder dann und wann in Situationen wieder, die einem ausweglos erscheinen. Vielleicht befindest gerade du dich selbst jetzt in solch einer. Wie auch immer: Die Situation ist nicht umsonst! Sie ist nicht ausweglos! Ganz im Gegenteil, sie ist dein ganz persönliches Geschenk, welches dir deine Seele gab, um darüber hinauszuwachsen. Und zusammen mit diesem Geschenk gab sie dir auch gleich das Mittel mit, um darüber hinauszugehen: Liebe.

Es ist die Liebe zu uns selbst, die uns inmitten von Problemen, Spannungen, Konflikt, Lebensüberdruss oder gar Todessehnsucht den rettenden Ausweg zeigen kann. Doch dieser Ausweg fordert auch etwas von uns, eine Gegenleistung, nämlich die Bereitschaft zur Veränderung.

> ‣ Vielleicht gilt es eine Arbeit aufzugeben, die man nicht liebt, damit man etwas Neues beginnen kann?
> ‣ Vielleicht müssen ein Status, eine Position oder ein Amt aufgegeben werden, mit denen man sich zu stark identifiziert und in denen man sich ganz unbemerkt festgefahren hat?

› Vielleicht ist man aufgerufen, eine Beziehung, die einem nicht guttut, aus Liebe zu sich selbst loszulassen?

› Vielleicht müssen oberflächliche Wünsche abgelegt und in feste Absichten umgewandelt werden?

Vor allem der letzte Punkt ist ein sehr wichtiger und bringt uns zurück zur Thematik des wahren Willens.

Tatsache ist: Wir alle wünschen uns etwas. Wir alle wünschen uns ein Leben in Freude, Glück, Erfüllung und Harmonie. Doch ist es nicht so, dass die meisten unserer Wünsche schwach sind, ja, häufig sogar nicht einmal viel mehr als flüchtige Träumereien? Eitle Hirngespinste, denen wir uns in unseren kurzen Mußestunden hingeben, um sie danach im »echten« Leben wieder zu vergessen? So können sie sich nicht erfüllen! Ein Traum, der zwar geträumt, aber als utopisch oder nicht umsetzbar eingestuft wird, kann niemals Realität werden. Leider aber halten wir viele unserer Träume für genau das – utopisch und nicht umsetzbar; sprichwörtliche Schäume. Und genau aus diesem Grund sind wir meist zu träge und zu faul, uns wirklich um ihre Erfüllung zu kümmern.

Träume sind wichtig. Visionen sind wichtig. Wünsche sind wichtig. Damit meine ich aber natürlich nicht solche Wünsche wie Luxus-Shoppingtrips, eine eigene Limousine samt Chauffeur, eine Amazonas-Expedition oder einen Parabelflug. Nein, ich meine die Wünsche, die *wesentlich* sind: die Wünsche des Herzens, die Wünsche der *Seele*. Für den einen bestehen diese Wünsche vielleicht darin, das tun zu können, was er liebt, zum Beispiel malen oder musizieren oder dorthin ziehen zu können, wohin seine Sehnsucht ihn treibt. Ein anderer träumt möglicherweise von einem einfachen Leben als Selbstversorger in einer Almhütte, seiner eigenen Modeschneiderei, einer Surfschule in Hawaii oder einer Lamazucht in den peruanischen Anden.

Es gibt tausend Träume! Jeder hat sie. In irgendeinem versteckten Winkel des Geistes schlummern sie in jedem von uns, sicherlich auch in dir. Wie immer *dein* persönlicher Traum, deine individuelle Vision auch aussehen mag: Tue sie nicht länger als utopische Träumerei ab – erlaube sie dir und verwandle sie in eine starke und ausdauernde Absicht! Erst dann kann deine Vision sich erfüllen, denn erst dann kann sich die Energie der Begeisterung in dir freisetzen. Und nur mit der Energie der Begeisterung kannst du deinen vollen Einsatz bringen, deine ganze Tatkraft investieren und aktiv an der Erfüllung deines Traums arbeiten.

Ein Traum bleibt ein Traum, solange er als nicht realistisch angesehen wird. Ein Traum wird erst dann zu Realität, wenn er zu einer felsenfesten Absicht, zu einem felsenfesten Ziel geworden ist.

Die Verwandlung, vom Wunsch zur Absicht und vom sehnsüchtigen Traum zur entschlossenen Handlung beginnt in dem Moment, in dem du dich für deinen ganz persönlichen Neubeginn öffnest. Sie beginnt in dem Moment, in dem du dem Aufruf deines Herzens folgst und deine Zeit und Energie ganz auf dein neues Ziel hin ausrichtest. Und wenn Verstand und Seele das gleiche Ziel haben – was kann dann noch schiefgehen? Das ganze Leben, die ganze Welt, ja, der ganze Kosmos wird hinter dir stehen! Jetzt kann alles geschehen, jedes Wunder sich ereignen, weil der Kosmos es geschehen *lässt*! Da du dich dazu entschlossen hast, deinem Seelenplan zu folgen, kann er sich jetzt endlich erfüllen und alles so ablaufen, wie es in ihm niedergeschrieben steht. Nichts kann mehr schiefgehen, weil nun alles geschehen *kann*, was geschehen *soll*. Oder im Umkehrschluss: Jetzt kann *nichts* mehr geschehen, was *nicht* geschehen soll, was *nicht* in deinem Seelenplan stünde: kein Pech, kein Missgeschick, kein blöder »Zufall«.

Veränderung ist Neugeburt, ist Leben, ist Wachstum. Altes loszulassen und die Bereitschaft zu entwickeln, eine Neugeburt im Leben zuzulassen und Neuland zu betreten, ist der Ausweg aus jeder ausweglos erscheinenden Situation, denn durch die Bereitschaft, etwas Neues ins Leben eintreten zu lassen, sagst du zum Leben stillschweigend *Ja!*. Dieses Ja *zum* Leben ist die Wahl *für* das Leben. Mit ihm erkennst du an, dass das Leben auf deiner Seite ist, dass dieses es gut mit dir meint, dass es dich liebt. Immer und jederzeit.

Dein Ja ist dein Vertrauensbeweis. Überbring ihn dem Leben, indem du aufrecht und mutig aus deiner schwülen, stickigen Höhle herausschlüpfst, dich fest auf deine beiden Beine stellst, deine Lungen tief mit der kühlen, taufrischen Luft des neuen Morgens füllst und der aufgehenden Sonne beherzt und unerschrocken deinen Ruf entgegenbringst:

»Guten Morgen, liebes Leben! Heute will ich mutig sein!

Gestern ging alles schief –
heute beginne ich noch einmal ganz von vorn!

Gestern ging ich Kompromisse ein – heute will ich konsequent sein!

Gestern hörte ich auf das, was meine Angst mir sagte – heute höre
ich nur auf das, was mein Herz mir sagt!
Gestern wollte ich ›sicher‹ sein – heute will ich leben!«

Und dann geh entschlossenen Schrittes auf den Horizont zu, erkunde die Landschaft deiner Möglichkeiten und ergründe dein dir innewohnendes Potenzial. Und auch wenn du auf deiner Wanderschaft ab und zu Angst in deinem Herzen spüren magst, Angst vor der Ungewissheit, Angst vor den Konsequenzen oder Angst, anderen vor den Kopf zu stoßen: Mach weiter! Lebe deine Vision! Sei die Veränderung, die du dir wünschst! Vergib dir jede Angst, jede Sorge, jede Scheu, jede Unruhe und jeden Zweifel. Vergib dir diese Gefühle, indem du sie einfach nur fühlst und ohne intellektuelle Beurteilung da sein lässt. Fühle sie, aber erlaube ihnen auf keinen Fall, dich in die muffige, alte Grotte der Norm und der Durchschnittlichkeit (mitsamt ihren einlullenden Verlockungen vermeintlicher Sicherheit und vorgegebener Heimeligkeit) zurückzudrängen. Vergiss nicht: Die Welt braucht dich! Die Welt braucht neue Wege! Sie braucht Visionäre!

Werde dir darüber klar: Dein täglicher Neubeginn ist immer nur so weit entfernt wie deine eigene bewusste Entscheidung dafür. Mit der Entscheidung *für* ihn kehren Antrieb, Kreativität, Schaffenskraft und Dynamik Schritt für Schritt in dein Leben zurück. Sie alle haben lange, lange Zeit in deinem Herzen geschlummert und nur darauf gewartet, dass du sie erweckst. Jetzt hast du es getan und sie alle stehen bereit, um dir und deinem Ziel, deiner Vision, zu dienen.

Allein durch die Macht deiner Entscheidung bist du im Leben, mitten im Leben, und nicht außen vor. Hältst du am Bekannten, am Bequemen, am vermeintlich Sicheren fest, riskierst du, dass das Leben dich übersieht. Du riskierst, dass es dich ignoriert und zur Seite schiebt, denn auch im Klammern an Altes triffst du stillschweigend eine Wahl. Es ist die Wahl gegen das Leben; denn Leben ist nicht Stillstand. Leben ist Bewegung, ist Dynamik, ist Tod und Neugeburt.

Wählst du das Leben, wählt das Leben auch dich. Deshalb sage und denke einfach nur dies:

»Ich vertraue dem Leben und das Leben vertraut mir!

***Das Leben** vertraut mir, dass ich die Bestimmung, die es mir gab, erfülle.*
***Ich** vertraue dem Leben, dass die Bestimmung, die es mir gab, gut für mich ist.*

Ich liebe das Leben und das Leben liebt mich!«

Der Seele folgen

Das ganze Leben, das ganze Universum, alles, was je war und je sein wird, ist in dir. Es ist immer schon in dir gewesen, denn du hast schon immer gelebt. Viele Körper hast du kommen und gehen sehen, viele Rollen hast du gespielt, viele Emotionen gefühlt. *Ein* Aspekt in dir blieb währenddessen jedoch immer gleich. Ein Aspekt, der alle diese vorübergehenden Zustände gleichermaßen beobachtet und erfahren hat, ganz gleich ob positive oder negative, fröhliche oder traurige, heilsame oder schmerzvolle. Das bist du.

Durch diesen immer gleich bleibenden Aspekt bist du in jedem Moment mit dem ganzen Leben und der Urseele der gesamten Schöpfung untrennbar verbunden.

Schenke dem Ewigen in dir deine ganze Aufmerksamkeit und Würdigung. Werde im wahrsten Sinne des Wortes *selbst*süchtig – auf die richtige Art und Weise. Suche und ersehne die Verbindung zu dem, was dich leben lässt, zu dem, was alles in dir wahrnimmt, zu dem, was die Zeiten überdauert. Oder anders ausgedrückt: Suche einfach die Verbindung zu dir selbst und sei mit dir selbst im Einklang. Dadurch lässt du den Schatten der Person hinter dir und mit ihm alles Schwere: Du hörst auf, gegen dich zu sein, wählst bewusst nur das, was dir guttut, und opferst dich nicht länger für andere auf. Du versuchst nicht mehr, es anderen um jeden Preis recht zu machen, sondern bist mit dir im Frieden, so wie du bist. Einfach, weil du dich endlich als würdig erachtet und dir selbst das gegeben hast, was du bisher immer von anderen erwartet hast: Liebe, Zuneigung, Wertschätzung, Akzeptanz. Einfach, weil du endlich auf *deine* Seele geblickt hast.

Deine Seele ist ewig. So bist du es.
Deine Seele ist frei. So bist du es.
Deine Seele ist liebend. So bist du es.
Deine Seele ist ganz. So bist du es.

In der aktiven Hinwendung zu deiner Seele aktivierst du ihre Qualitäten in dir und so wird der Weg frei für ein Leben, das von Weisheit, Intelligenz, Ehrlichkeit und aktiver Liebe geführt und begleitet wird. Der Weg wird frei für all das Gute, das du willst! Jedoch bist du selbst es, der für diesen Wechsel der Ebenen verantwortlich ist. Du selbst bist angehalten zu entscheiden, wann du vom »persönlichen« Ich mit all seinen Urteilen, Erwartungen, Meinungen und Vorstellungen dominiert und beherrscht wirst und wann du mit deinem Bewusstsein gezielt zum *wahren*, zum unpersönlichen Ich zurückkehrst. Die Unterscheidung zwischen diesen »zwei« Ichs ist dabei denkbar einfach. Kurz und knapp: Das persönliche Ich regiert immer dann, wenn du innerlich nicht im Frieden bist, wenn du dich unausgeglichen fühlst, mürrisch, eifersüchtig, wehmütig, sentimental, enttäuscht, schuldig, bekümmert, hadernd, grollend, ängstlich usw.

Werde dir bewusst: Deine Seele liebt dich, weil sie sich selbst liebt. Aus diesem Grund wird sie nicht zulassen, dass du dich weiter mit solchen peinigenden, schmerzvollen Gefühlen abgibst. Sie wird nicht zulassen, dass du deinen eigenen Geist weiterhin vergiftest, attackierst und verletzt. Dein Schicksal ist Glück, nicht Leid! Frieden, nicht Krieg! Unschuld, nicht Schuld! Die eindringliche und inbrünstige Botschaft deiner Seele an dich lautet:

»Hör endlich auf, mich zu verletzen!
Hör endlich auf, mich anzugreifen!
Hör endlich auf, gegen mich zu sein!

*Erkenne mich endlich als dein wahres Selbst an, erfülle dein Schicksal und verleugne mich nicht länger – verleugne **dich** nicht länger!«*

Alles, was die Seele will, ist gehört, bejaht und anerkannt zu werden. Sie will – mit unserer Hilfe – endlich zu dem erwachen, was sie ihrer Natur nach ist: liebend, frei, selbstermächtigt, göttlich! Das kann sie nicht, solange wir nicht mitmachen und ihr unsere Hilfe verweigern.

Unsere Seele ruft uns, ruft uns eindringlich, ruft uns flehentlich und wird, wenn es denn sein muss, auch nicht davor zurückschrecken, aktiv einzugreifen. Das heißt, solange wir uns ihren Rufen widersetzen und unserer wahren Bestimmung, unseren Sehnsüchten, Bedürfnissen, Impulsen und Ambitionen weiterhin das Gehör verweigern, solange wird auch das Leben nicht aufhören, uns durch entsprechend schmerzhafte oder lieblose Erfahrungen »weichzukochen«. Ja, vielleicht muss uns das Leben manchmal sogar erst regelrecht in die Knie zwingen, nur damit wir endlich zuhören, endlich aufwachen und unsere eigene Affektiertheit endlich über Bord werfen.

Ich selbst erinnere mich lebhaft daran, wie es sich anfühlt, vom Leben in die Knie gezwungen zu werden. Das war vor ein paar Jahren. Alles fing damit an, dass mein damaliger Ehemann mich mit einer anderen Frau betrog und mich kurze Zeit später verließ. Zunächst fiel ich aus allen Wolken, als ich davon erfuhr, und versuchte, die Beziehung mit allen Mitteln zu retten. Ja, ich war sogar bereit, ihm alles zu vergeben, alles zu vergessen, wenn er doch nur zu mir zurückkehren würde. Doch es sollte nicht sein und so stand ich schon kurz darauf allein da, ohne Job und mit drei Kindern. Einer inneren Lawine gleich, begannen die heftigsten und schmerzhaftesten Gefühle auf mich hereinzustürzen. Früher hätte man mich wohl mit Fug und Recht als das Paradebeispiel des braven Hausmütterchens und naiven Frauchens schlechthin bezeichnen können, aber das alles war jetzt mit einem Schlag vorbei. Jetzt wurde ich zur Furie! Zorn und Rachegelüste wüteten in mir wie ein heißes und immer heißer werdendes Feuer. Ein

Brennen, ein innerliches Aufbäumen und Aufschreien, ein Fauchen – alles brach, einem Vulkanausbruch gleich, aus mir hervor. Schrecklichste, extremste Gefühlsenergien wüteten über Monate hinweg mit der zerstörerischen Intensität eines Hurrikans.

Das Leben konfrontierte mich mit aller Härte mit meinem eigenen Unbewussten – unser aller eigenem Unbewussten, denn wir alle tragen die gesamte Palette potentieller menschlicher Gefühle in uns, auch wenn vielen von uns diese Palette aufgrund unserer persönlichen Lebensumstande evtl. nicht voll bewusst wird. *Mir* wurde es bewusst, ja, mit Schrecken wurde ich mir sogar der inneren Mörderin gewahr, die mit aller Macht die Messer wetzte und aus voller Kehle nach Abrechnung und Vergeltung schrie. Wie sich herausstellen sollte, war es zum Glück jedoch nur eine Pseudomacht: Meditation und neutrales Beobachten ermöglichten mir Schritt für Schritt, von den tobenden Vorgängen in meinem Innern Abstand zu nehmen, und so lösten sie sich alle Schritt für Schritt in Rauch auf. Sie wurden wieder zu dem Nichts, aus dem sie gekommen waren; alles löste sich auf, als diese dunklen Passagen endlich durchschritten waren.

Heute bin ich mir bewusst, dass ich durch diese heftige Erfahrung all die verborgenen »Schattenelemente« in mir kennenlernen und heilen durfte. Alles musste genauso ablaufen, wie es nun mal ablief: So und nicht anders wollte es mein Seelenplan! Heute bin ich dankbar dafür. Ich bin dankbar für alles, was in mir geheilt werden durfte. Ja, und sogar meinem damaligen Partner kann ich heute – ehrlichen Herzens – dankbar sein. Auch er folgte nur seinem Seelenplan! Er folgte ihm, indem er eine Beziehung beendete, die nicht mehr erfüllend war, und konsequent seinen eigenen Weg ging. So gesehen war auch er gut zu sich, indem er sich erlaubte, in einer neuen Beziehung wieder glücklich sein zu dürfen. Im Nachhinein betrachtet, hat er aber auch mir einen unendlich großen Dienst damit erwiesen: Er hat mir geholfen, mich selbst zu finden, endlich für mich und meine Bedürfnisse einzustehen, die Verantwortung für mein Dasein zu übernehmen und mich selbst für alles lieben zu lernen und jetzt darüber zu schreiben. Erst jetzt, im Nachhinein, kann ich die Wahrheit der Worte im Herzen empfinden, wenn ich sage:

»Alles, auch das zunächst böse Erscheinende, dient letztendlich dem Guten.«

Meine Seele wählte die Situation, die ich zu jener Zeit durchleben musste, ganz gewiss nicht ohne Grund für mich aus. Es musste etwas darin sein, das ich zu lernen und zu integrieren hatte. Und ganz langsam, ganz allmählich, begann ich das Geschenk der Krise zu erahnen…

…doch noch war diese Krise nicht überwunden, das zu Meisternde nicht zur Gänze gemeistert. Mit dem Durchleben der extremen Gefühle war zwar die akute Phase überstanden, was nun jedoch kam, war das, was ich heute als die »chronische« Phase bezeichnen würde: Es folgten lange Jahre der Ziellosigkeit und des latenten Gefühls des Verlassenseins, Jahre, die angesichts der (vor allem finanziellen) Unsicherheit in meinem Leben unterschwellig immer von einem Gefühl der Angst, der Bitterkeit und der Verzweiflung begleitet waren. Das Leben erschien mir so fruchtlos, so sinnlos, und ich fühlte mich schrecklich allein. So begann ich unbewusst, auf etwas zu warten. Auf etwas Neues, etwas Tolles, etwas sensationell Glückliches, auf einen neuen und perfekten Partner, der meinem Leben endlich wieder Sinn und Halt gab. Die Antwort auf das Problem des Wartens kam dann doch schnell und plötzlich. Von heute auf morgen machte es »klick« und mir dämmerte, dass gar nichts geschehen *konnte*, solange ich mich weiter in diesem elenden »Stand-by-Modus« befand und mich in endlosen, zuckersüß-klebrigen Zukunftsträumen verlor!

Der einzige Augenblick, der zählt, ist die Gegenwart. Ich kann nur im Hier und Jetzt leben, das Jetzt erfahren, im Jetzt planen, im Jetzt denken, mich jetzt freuen. Warten raubt den gegenwärtigen Moment und damit die Lebenskraft und Begeisterung, welche wir nur im Hier und Jetzt haben können. Ein einziger Gedanke genügt, um in dieses ewige Hier und Jetzt zurückzukehren.

»Was ich jetzt nicht habe, das brauche ich auch nicht!«

Dieser Moment der Einsicht bedeutete meine Rückkehr ins Leben, ins Jetzt, in die Gegenwart. Das Ende jeder Hoffnung war gekommen – aber auch das Ende jeder Verzweiflung. Ich war frei! Frei, den Sinn und das Lernziel hinter dem Nichts-ändern-Können zu entdecken: bedingungslose Akzeptanz. Diese bedingungslose Akzeptanz gelang mir einzig mithilfe der bedingungslosen Vergebung. Ich begann, mir wirklich alles zu vergeben, angefangen von meiner eigenen Antriebslosigkeit und Resignation, bis hin zu meinem Anlehnungsbedürfnis an einen (nicht vorhandenen) Partner. Und siehe da: Alles verschwand! Langsam, aber stetig wurden aus der Antriebslosigkeit Inspiration, aus der Resignation Antrieb und aus dem Anlehnungsbedürfnis Souveränität.

Zu jener Zeit durfte ich erkennen, dass ich niemals alleine war und immer Hilfe hatte. Da gab es jemanden, einen Freund, der immer zu mir hielt, der mir half, immer wieder von Neuem aufzustehen und durch alle Erfahrungen unbeschadet hindurchzugehen. Auch jetzt, hier und heute, steht er noch immer treu an meiner Seite. Dieser Freund war so nah und doch hatte ich ihn die ganze Zeit über nicht sehen können: Dieser Freund war ich selbst! Es war meine eigene Seele, der innere Lauscher, der ewig leuchtende Funke Gottes in meinem eigenen Herzen!

Übung: Frieden schließen

Wenn auch dich Lethargie oder Antriebslosigkeit plagen oder du merkst, dass du dich immer wieder gern in Zukunftsträumereien verlierst, dann halte einen Moment inne und mach mithilfe dieser Übung Schluss damit.
Atme zunächst einige Male tief und bewusst ein und aus und beende das Rotieren in deinem Kopf mit einem entschiedenen

»Stopp!«

Als Nächstes nimm Stift und Papier zur Hand und frage dich:
»Was müsste jetzt anders sein? Was müsste passieren, damit ich glücklich sein kann?«

Dann schreibe alles auf, was dir einfällt. Deine Liste kann zum Beispiel Dinge enthalten wie:
Ich möchte jemanden an meiner Seite, der mir Kraft und Halt gibt.
Ich möchte endlich mehr Kunden für mein Geschäft.

Ich möchte, dass ich in meiner Beziehung glücklich sein kann.
Ich möchte, dass sich meine berufliche oder private Situation verbessert.
Ich möchte ein Ziel in meinem Leben haben.
Ich möchte wissen, wohin der Weg für mich gehen soll.

Es kann jedoch auch sein, dass dir rein gar nichts einfällt und auf deinem Zettel nur steht:
Ich weiß es nicht.

Doch auch das ist in Ordnung. Egal, was du geschrieben hast, egal, ob deine Liste kurz oder lang ausgefallen ist: Nimm nun deinen Zettel zur Hand und lies ihn noch einmal ganz langsam und aufmerksam durch. Geh Satz für Satz durch und akzeptiere innerlich, dass dieses und jenes jetzt gerade eben nicht in deinem Leben präsent ist. Schließe die Augen, entspanne dich und sage gedanklich einfach nur:
»Ich akzeptiere, dass ich im Moment keinen Partner an meiner Seite habe.«
»Ich akzeptiere, dass ich im Moment nicht mehr Kunden habe.«
»Ich akzeptiere, dass meine Beziehung momentan nicht erfüllend für mich ist.«
»Ich akzeptiere, dass ich momentan nicht weiß, wo es für mich langgehen soll.«
»Ich akzeptiere, dass ich nichts weiß.«

Nimm dir für dieses Akzeptieren viel Zeit, mach eine Meditation daraus. Gib deinen Worten Tiefe, indem du lange Pausen zwischen ihnen machst und immer wieder bewusst deinen Atem beobachtest.

Zum Abschluss öffne die Augen wieder und nimm noch einmal deine Liste zur Hand. Geh noch einmal ganz langsam und aufmerksam Satz für Satz durch und sage nach jedem einzelnen:

»Ich vergebe mir.«

Und mit diesen Worten streiche den Satz durch.

Indem du dir vergibst, dass du jetzt eben keinen Partner in deinem Leben hast, dass du momentan eben nicht weißt, wo es für dich langgehen soll, dass du dich allein oder verlassen fühlst usw., schließt du Frieden mit der Gegenwart. Du verlässt den »Stand-by-Modus« und bist wieder leer und offen – so wie das Blatt Papier, das vor dir liegt. In dieser neu entstandenen Offenheit, befreit von allen persönlichen Erwartungen und Bewertungen, gibst du dem Leben die Chance, die Leere ganz neu und frisch zu füllen – und zwar so, wie es das Leben für dich will, wie es deine Seele für dich will! Oder mit anderen Worten: So, wie dein *wahres* Ich es will!

Dieses Neue und Frische kann schnell oder langsam kommen, vielleicht sogar so langsam, dass es dir vorkommt, als würde sich gar nichts an deiner Situation ändern. Wird diese Übung jedoch mit der nötigen Tiefe und Ehrlichkeit durchgeführt, wird es dir gleichgültig sein, was kommt: Du bist hier und jetzt im Frieden – wie immer dieses Hier und Jetzt auch aussehen mag.

Ruhe inmitten des Sturms

Zu der Zeit, als das Leben mich regelrecht »in die Knie zwang«, entdeckte ich tief verborgene Gefühls- und Reaktionsmuster in mir, die mich buchstäblich vor mir selbst zurückschrecken ließen. Was immer wir auch an solchen unbewussten Geistesgiften in uns entdecken, sei es nun Neid, Zynismus, Rachsucht, Arglist, Übelwollen, Schadenfreude oder sogar blanker Hass: Mit der richtigen Betrachtungsweise können wir sie alle hinter uns lassen. Im Erkennen, dass auch diese Gefühle und Reaktionsmuster nichts anderes sind als mentale Energiewellen, die wir selbst erzeugen oder die dem persönlichen (oder kollektiven) unbewussten Kämmerlein entstammen, lassen wir sie schon allein durch dieses Verstehen hinter uns. Alles Unbewusste löst sich in dem Moment auf, in dem es zu Bewusstsein gebracht und neutral beobachtet wird.

Was auch immer in deinem Inneren vor sich gehen mag, was immer auch aufsteigt oder rumort: Beobachte es einfach nur. Beobachte die inneren Prozesse, das Rumoren, das Schwelen, das Auflehnen, die Rebellion, das Brennen, das Wüten, das Heulen oder das Verzweifeln. Am Anfang mag das vielleicht noch nicht so recht gelingen, vielleicht ist es dir anfangs sogar unmöglich, länger als ein paar Minuten »untätig« diese Gefühlsenergien in dir zu beobachten. Mit ein wenig Übung jedoch wird es immer besser gehen, du wirst zunehmend gelassener und unbeteiligter und kannst mit der Zeit sogar mitten im größten Sturm die ruhende Mitte bleiben. So heilt dein Innenleben.

Alles, wirklich alles, kann im unbeteiligten, nicht urteilenden Gewahrsein beobachtet werden. Aber wie genau funktioniert dieses nicht urteilende, neutrale Beobachten? Nun, ich selbst ging, wenn mich wieder einmal destruktive und negative Gefühle und Gedanken übermannen wollten, immer mit einer bestimmten Frage vor:

»Wer beobachtet das?«

»Wer beobachtet die Angst, das Verlangen, die Rachsucht, den Hass, den Zorn, die Scham?«

In dem Moment, in dem ich mir diese Frage stellte, konnte ich unbeteiligt werden, da ich in meinem Bewusstsein den Wahrnehmenden vom Wahrgenommenen trennte. Diese Trennung des Subjekts vom Objekt ist sehr wichtig, denn nur dadurch wird klar, dass das, was ich beobachten kann, nicht ich sein kann. *Ich* stehe sozusagen nur daneben, schaue nur zu, wie ein Zuschauer im Zirkus, der die vielfältigen Vorführungen der Artisten vorn in der Manege, angefangen vom Clown bis hin zum Messerwerfer, einfach nur amüsiert, aber unbekümmert verfolgt. Im Grunde ist dies das ganze Geheimnis, denn in diesem Danebenstehen und Zuschauen höre ich, wie gesagt, automatisch auf, mich mit dem Angeschauten gleichzusetzen. Und so höre ich auch automatisch auf, darunter zu leiden.

Die Technik des Beobachtens ermöglicht es, einen rastlosen, umhergaloppierenden oder sogar wütend tobenden Geist behutsam und schonend wieder unter Kontrolle zu bringen. Vom Prinzip her ist es das Gleiche wie bei dem schreienden und quengelnden Kind, das kein Eis bekommt und an der Supermarktkasse eine Szene macht: Entzieht man ihm die Aufmerksamkeit und lässt es einfach toben, hört es irgendwann von selbst auf, einfach, weil es merkt, dass sich sein Gezeter nicht lohnt. Seinen Gedanken und Gefühlen das Interesse zu entziehen, ist ein regelrechtes Allheilmittel in allen Lebenslagen: Alles kommt zur Ruhe und das (paradoxerweise) lediglich, indem man…

… nicht mehr eingreift,
… nichts mehr zu ändern oder zu vermeiden versucht,
… nichts mehr als gut oder schlecht beurteilt,
… keine eigenen Konzepte mehr hegt,
… alle Dinge sich selbst überlässt.

Wir halten zusammenfassend fest: Neutrales Beobachten aller inneren Vorgänge ist der erste und wichtigste Schritt hin zum inneren Frieden, indem es die notwendige Distanz zwischen uns und dem, was sich in uns abspielt, wiederherstellt. Die Lektion wird abgeschlossen, wenn wir als zweiten Schritt jetzt noch die Kraft der Vergebung mit hinzunehmen.

Die große Sehnsucht einer jeden Seele ist es, sich mit allen anderen Seelen verbunden und eins zu fühlen. Die Vergebung würdigt diese Sehnsucht zur Ganzheit und Verbundenheit, indem sie alles wegnimmt, was zwischen uns und unseren Mitmenschen steht: Urteile, Erwartungen, Verletzungen, Misstrauen, Konflikt, Schuld, Feindschaft usw. Sind diese Hindernisse entfernt, kann die Seele beginnen, ihre innewohnende Schönheit und Herrlichkeit von Neuem zu entfalten, denn in der Beseitigung aller Hindernisse zwischen uns und unseren Mitmenschen nimmt die Vergebung auch noch ein ganz anderes Hindernis weg: das Hindernis zwischen uns und der Erkenntnis, *was* wir sind:

*Wir **sind** unsere Seele. Wir **sind** reine Liebe.*

Finde deinen wahren Willen

Du bist wie deine tiefen, drängenden Wünsche.
Wie deine Wünsche, so ist dein Wille.
Wie dein Wille, so ist deine Tat,
und wie deine Tat, so ist dein Schicksal.

Brihadaranyaka-Upanishad

Bereits an früherer Stelle haben wir gesehen, dass Lieben bzw. Vergeben nichts anderes als ein Wiedergutmachen ist. Alles, was wir uns selbst oder anderen gegenüber wiedergutmachen, das wird auch in unserem Leben wiedergutgemacht. Unsere Ent-Schuldigung ist unser Einverständnis, dass von nun an neue und bessere, *gute* Situationen zu uns kommen dürfen: Menschen, Begabungen, Talente, Fähigkeiten – alles Gute darf zu uns kommen und sich durch uns frei entfalten! Und auch unsere Träume, unsere Visionen, unsere Herzenswünsche dürfen sich endlich erfüllen!

Herzenswünsche sind wahre Wünsche. Sie haben ihren unmittelbaren Ursprung im tiefsten Zentrum unseres Seins und sind, im Gegensatz zu den »herkömmlichen« Wünschen, integrer Bestandteil unseres Seelenplans und damit unserer Bestimmung. Wie aber kann man diese beiden Wuncharten voneinander unterscheiden? Nun, auch auf diese Frage muss wohl jeder für sich selbst die Antwort finden. Nur im eigenen In-sich-Hineinfühlen liegt die Antwort, da verallgemeinern an dieser Stelle nicht möglich ist. Jede menschliche Seele ist so individuell und komplex wie ein Fingerabdruck. Als Einziges lässt sich sagen, dass Herzenswünsche in der Regel immer eines gemeinsam haben:

Sie alle fühlen sich an wie ein tiefes Sehnen, ein zartes Rufen, ein dezentes Ahnen aus dem eigenen tiefsten Innern heraus.

Oft ist es so, dass wir Menschen keinen Zugang zu unseren Herzenswünschen haben und mehr oder weniger ziellos durchs Leben irren. Oft spüren wir zwar eine starke, unbestimmte Sehnsucht, können sie aber nicht genau fassen, sie benennen oder in konkrete Ziele umwandeln. Doch gerade konkrete Ziele sind wichtig! Unsere Seele will nicht, dass wir ziel- und planlos durchs Leben rennen, von einer oberflächlichen Vergnügung zur nächsten. Nein, wir alle haben einen Seelenplan und damit eine bestimmte Aufgabe auf Erden. Ohne Kontakt zur Seele aber, ohne das Hören ihres Flüsterns, können wir diese Aufgabe nicht wahrnehmen. In solch einem Fall ist es klug, sich ganz gezielt und bewusst eine einzige Frage zu stellen:

»Was will ich wirklich?«

Was willst du vom Leben? Was willst du erfahren? Möchtest du eine Familie gründen, ein eigenes Geschäft auf die Beine stellen, zum Aussteiger werden oder vielleicht ganz was anderes? Was fühlt sich gut für dich an? Folge deinem Gefühl, denn was sich gut anfühlt, bringt dich deiner Intuition und damit deinem wahren Willen Stück für Stück näher. Vielleicht muss sich aber die Frage »Was will ich wirklich?« erst noch etwas verändern, bis der wahre Wille klar und deutlich aufleuchtet. Wie wär´s hiermit?

»Was tue ich gerne? Was macht mir Spaß?
Bei welcher Tätigkeit bin ich so richtig in meinem Element?
Welcher Art Dinge, Situationen oder Menschen würde ich in
meinem Leben gerne erfahren?«

Was auch immer, die Antwort ist stets in dir. Suche jedoch nicht zwanghaft nach ihr, sie muss von selbst auftauchen! Oft genügt es bereits, sich einfach die oben genannten Fragen zu stellen und dann innerlich still zu werden, abzuwarten, sich in Meditation zu begeben und zu lauschen. Deine Seele wird dir sagen, was du tun sollst. Sie wird dir sagen, was sie will. Sei einfach still, mein tapferer Krieger, und du kannst ihr Flüstern in deinem Herzen deutlich hören.

Die nachfolgende Meditation kann dabei helfen, das innere Lauschen zu üben. Ich habe sie »Seelentanz« genannt, weil ich denke, dass es unser aller Aufgabe ist, *jetzt* gemeinsam mit unserer Seele in den schöpferischen Tanz des Lebens einzutreten, uns von seinem energiegeladenen Rhythmus mitreißen zu lassen, unseren wahren Willen zu finden und unser innewohnendes Potenzial jetzt und hier zum Ausdruck zu bringen.

Übung: Seelentanz

Begib dich in Entspannung und stell dir mithilfe deiner Fantasie deine Seele wie eine goldene Schale aus reinem Licht vor, die sich im Zentrum deines Herzens befindet. Stell dir vor, wie du diese Schale nun mit der offenen Seite langsam und behutsam mit den Händen über deinen Kopf hinaushebst, so dass sie etwa einen halben Meter über deinem Kopf schwebt. Sieh, wie der göttliche Lichtstrahl, von dem sie erschaffen wurde und der sie erhält und nährt, von oben herab in sie hineinsinkt und sie langsam auszufüllen beginnt.

Hebe jetzt in Gedanken beide Arme nach oben, so als ob du deine Schale halten wolltest, und bringe sie sanft und behutsam zum Kippen. Spüre, wie sich das »flüssige« Licht in deinen Kopf hinein ergießt und einem goldenen Wasserfall oder einer schillernden Kaskade gleich unendlich sanft deinen ganzen Körper hinabfließt: Es durchdringt und erfüllt jede Stelle deines Körpers, deinen Hals, deine Brust, deinen Bauch, deine Arme und Beine und fließt dann schließlich durch deine Fußsohlen hindurch tief hinein in Mutter Erde.

Nun breite in deiner Vorstellung beide Arme weit aus. Diese Gebärde symbolisiert deine liebevolle Segnung für die ganze Existenz, für die gesamte herrliche Schöpfung, von der auch du Teil bist. Diese deine Geste der weit geöffneten Arme ist dein Segen für alles, was ist. Mit ihr dehnst du dein Seelenlicht auf alles um dich herum aus. Empfinde nun, dass du von reinem Licht erfüllt, umhüllt und umgeben bist, und bleibe einen Moment in dieser heilsamen Vorstellung. Bade regelrecht in deinem eigenen Licht.

Sehr wahrscheinlich wird sich nun ein äußerst wohltuendes Gefühl einstellen. Dieses Gefühl kann Liebe sein, Ruhe, Freude, Frieden, Dankbarkeit oder einfach nur Weite.

Wenn du möchtest, dann stelle kurz vor Abschluss der Meditation noch einmal die Frage nach deinem wahren Willen:

»Was will ich wirklich?«

Und dann bleib einfach im Empfinden, so kurz oder so lange wie du möchtest. Wenn du dir diese Übung zur Gewohnheit machst, wirst du langsam einen immer stärkeren Zugang zu deinem eigenen tiefsten Innern bekommen – und damit auch alle Antworten.

Mit der Entdeckung deines wahren Willens, der Offenbarung deiner Bestimmung, machst du den finalen Schritt in der Erfüllung deines Seelenplans. Ab hier geht jetzt alles ganz reibungslos, denn nun hast du zu dir selbst gefunden und kannst im Einklang mit dir selbst handeln. Fortan ist deine Seele dein bester Freund und dieser Freund wird dich in allem unterstützen, was du als deinen Willen erkannt und angenommen hast.

Das Gesetz des Lebens ist im Grunde so einfach: Du kannst alles haben und alles erreichen, wenn du nur weißt, was du wirklich willst! Du kannst lieben, wenn du nur lieben *willst*. Du kannst geliebt werden, wenn du nur geliebt werden *willst*. Und du kannst frei sein, wenn du nur frei sein *willst*. Um die Erfüllung deines Willens brauchst du dich ab jetzt nicht mehr zu kümmern. Deine Seele hat den »ultimativen Überblick«. Sie allein kennt den Moment, in dem sich alles fügen wird – zum Wohle aller Beteiligten. Ja, vielleicht musst du bis zur endgültigen Erfüllung deines Herzenswunsches, deines Ziels, noch ein wenig warten. Solange erinnere dich einfach an Konfuzius´ Worte:

Der Weg ist das Ziel.

Dein Weg ist dein Ziel! Es gibt keine Erfüllung, die erst am Ende des Wegs auf dich wartet. Die Erfüllung ist jetzt schon da! Dein Leben kann jetzt bereits zu einer einzigen großen Hymne an die

Freude werden! Versteif dich nicht auf die Erfüllung deiner Ziele in der Zukunft, sondern erfülle sie jetzt und hier, indem du einfach jetzt voller Begeisterung bei dem bist, was du gerade tust. Und nun, da du deinen wahren Willen gefunden hast, wird dir dies auch gelingen. Denn im Einklang mit deinem Herzen erkennst du, dass du das Ziel bereits erreicht hast.

Im Grunde ist es nicht wichtig, *was* du tust, sondern nur *wie* du es tust. Ein altes Sprichwort aus dem Zen-Buddhismus sagt dazu:

> *Vor der Erleuchtung: Holz hacken und Wasser tragen.*
> *Nach der Erleuchtung: Holz hacken und Wasser tragen.*

Epilog

Schreiben ist für mich immer wieder ein Abenteuer, bei dem ich vorher nie weiß, wohin es mich führen wird. Meistens habe ich am Anfang weder ein Konzept noch einen roten Faden. Auch das vorliegende Buch entstand ohne Konzept – zumindest fast. Vielmehr ist es homogen »gewachsen«, Kapitel für Kapitel. Ohne zu wissen, was am Ende herauskommt oder herauskommen soll, setzte ich mich irgendwann einfach hin und begann. Auf diese Weise kamen die einzelnen Themen, Übungen und Kapitel während des Schreibens ganz von selbst zu mir. Und jetzt, am Ende, habe ich das Gefühl, als hielte ich mein eigenes früheres Leben in Händen, denn alles, was du, liebe Leserin/lieber Leser, in diesem Buch gelesen hast, habe ich selbst so erfahren und erlebt. Vieles über mich wurde mir sogar erst beim Schreiben so richtig bewusst! Zum Beispiel, wie *ich* früher mit mir umging, was *ich* früher alles von anderen erwartete oder an wen *ich* mich früher gerne anlehnen wollte. Ja, ich schätze, ein Buch zu schreiben ist immer auch ein Stück Eigentherapie.

Jede Lebensreise ist eine Reise zurück zu sich selbst. Mit jeder Erfahrung auf dem Weg erkennen wir Menschen Stück für Stück, wer bzw. was wir eigentlich sind. Das gilt für dich ebenso wie für mich. Einen Teil *meines* Weges habe ich mit diesem Buch weiterzugeben versucht. Vielleicht hast ja genau *du* etwas darin entdeckt, was in deiner Seele auf Resonanz gestoßen ist, vielleicht hast genau *du* einen Hinweis darin gefunden, der dich in deiner eigenen Lebensreise ein Stück voranbringt. Wenn es so ist, bin ich dankbar. Denn dann hat sich das Schreiben dieses Buches, angefangen von der vagen Idee und hunderten Seiten ungeordneter, handschriftlicher Notizen, dem Tippen in den Computer (welches gnädigerweise auch diesmal wieder mein weitaus flinkerer Sohn für mich übernahm) bis hin zum monatelangen Feilen an Formulierung, Logik und Sprache, gelohnt.

Jeder Seele Ziel ist die Rückkehr zur Liebe. Oder exakter ausgedrückt: Jeder Seele Ziel ist die Erkenntnis, dass sie selbst nur Liebe *ist*. Hermann Hesse sagt dazu:

»*Das Innerste in uns begehrt Glück, begehrt einen wohltuenden Zusammenklang mit dem, was außer uns ist. Dieser Klang wird gestört, sobald unser Verhältnis zu irgendeinem Ding ein andres ist als Liebe. Es gibt keine Pflicht des Liebens, es gibt nur eine Pflicht des Glücklichseins. Dazu allein sind wir auf der Welt. Und mit aller Pflicht und aller Moral und allen Geboten macht man einander selten glücklich, weil man sich selbst damit nicht glücklich macht. Wenn der Mensch ›gut‹ sein kann, so kann er es nur, wenn er glücklich ist, wenn er Harmonie in sich hat. Also wenn er liebt.*

Und das Unglück in der Welt, und das Unglück bei mir selber kam also daher, dass das Lieben gestört war. Von hier aus wurden mir die Sprüche im Neuen Testament plötzlich wahr und tief. »*So ihr nicht werdet wie die Kinder*« – *oder* »*Das Himmelreich ist inwendig in euch*«.

Dies war die Lehre, die einzige Lehre in der Welt. Dies sagte Jesus, dies sagte Buddha, dies sagte Hegel, jeder in seiner Theologie. Für jeden ist das einzig Wichtige auf der Welt sein eigenes Innerstes – seine Seele – seine Liebesfähigkeit. Ist die in Ordnung, so mag man Hirse oder Kuchen essen, Lumpen oder Juwelen tragen, dann klang die Welt mit der Seele rein zusammen, war gut, war in Ordnung.

...Solche Erkenntnisse kommen langsam, man windet sich zu ihnen in Spiralen hinan. Und wenn sie da sind, so ist es, als habe man sie

im Sprung, im Nu erreicht. Aber Erkenntnisse sind noch nicht Leben. Sie sind der Weg dazu, und mancher bleibt ewig auf dem Weg.«[15]

Diesen Worten ist nichts mehr hinzuzufügen.

Dank

An einer Stelle des Buches heißt es: *Dankbarkeit ist liebende Wertschätzung.* In diesem Sinne möchte auch ich an dieser Stelle kurz meinen Dank aussprechen: Ich danke meinem Verlag, insbesondere meiner Verlegerin Frau Grasmück, für das entgegengebrachte Vertrauen und die harmonische und freundschaftliche Zusammenarbeit. Meiner Lektorin Frau Gast möchte ich danke sagen für die unermüdliche Arbeit an meinen Manuskripten, ihre Kompetenz in Sprache und Grammatik und nicht zuletzt ihr großes Einfühlungsvermögen und die vielen wertvollen Denkanstöße. Meiner Familie danke ich für die langjährige finanzielle, moralische und seelische Unterstützung; meinen »Schicksalsschlägen«, dass sie mich Stück für Stück wachsen ließen; den Menschen in meinem Umfeld, dass sie mir (bewusst oder unbewusst) immer wieder als Inspirationsquelle dienten, und dem Leben danke ich, dass es mich niemals im Stich ließ und mir immer wieder neue Wege aufzeigte. Außerdem danke ich dem Buch *Ein Kurs in Wundern*, dass es mir so lange Zeit hindurch ein so treuer, tröstender und, im wahrsten Sinne des Wortes, augenöffnender Begleiter war.

[15]Hermann Hesse »Kleine Freuden«, Suhrkamp 1977, bzw. Hermann Hesse »Wer lieben kann, ist glücklich«, Insel 2002

Und ganz besonders möchte ich *dir* danken:

Danke, dass du dieses Buch gekauft (oder geschenkt bekommen) hast.

Danke, dass du es mit einem offenen Geist gelesen und das Feuer der Freiheit in deinem Geist entfacht hast.

Danke, dass du deine Visionen lebst.

Danke, dass du deine Stärke lebst.

Danke, dass du deine Liebe lebst.

Danke, dass du eine neue Welt lebst.

Danke, von Seele zu Seele.

- *Ebenfalls von Maria Brunner erschienen:*

Bist du ehrlich gewillt,

- *grundsätzlich glücklich zu sein?*
- *innerlich souverän und stark zu sein?*
- *felsenfest vertrauen zu können?*

Ja? Dann mach dich auf den Weg in (d)ein neues Leben! Die eigene, bewusste Entscheidung *für* das Lebensglück ist ausreichend – und dann kann die Reise zurück zur Unschuld und zur wahren Lebenserfüllung beginnen

Die beiliegende Audio-CD enthält die fünf wichtigsten im Buch beschriebenen Meditationen.

›Das Unschuldsprinzip‹

Der geheime Schlüssel zu Lebensfreude, innerer Stärke und wahrem Vetrauen

broschiert, 224 Seiten inklusiv Audio CD

Preis: 24,90 €

ISBN: 9783-931723-46-0

*Es geschieht
wie aus heiterem Himmel und ohne Vorwarnung...
Hirnaneurysma...*

Nichts ist mehr wie vorher - das Leben muss neu gelernt werden.

Maria Brunner: *»Ich wusste, meine Zeit hier war noch nicht vorbei. So wurde mir bewusst, dass ein Trauma keineswegs etwas Seltenes ist«.*

›Aus tiefster Dunkelheit ins göttliche Licht‹

Erfahrungsbericht einer schöpferischen Angst- und Traumabewältigung

broschiert, 128 Seiten

Preis: 12,90 €

ISBN: 9783-931723-44-6